JN300369

## こぎんを刺すあなたへ

### 布芸展《ふげいてん》のこぎん刺し

「布芸展」は、みつばちトートの束松陽子とお菓子研究家の福田里香のプロデュースによる布物のプロジェクトです。テーマは「民藝」。2004年の発足以来、こぎん刺しを中心に民藝の布物を新しい視点からとらえ直し、時代を超えた「布芸」の魅力を展示会形式でご紹介してきました。本来のこぎん刺しは「藍染めの麻布に白い木綿糸」で刺しますが、布芸展のこぎん刺しは「生成りの麻布に数色の木綿糸」を用いています。これは、現代生活でこぎん刺しを使うなら、防虫のための藍染めはいらない、合成染料で染めるよりそのままの生成りのほうが美しい、色とりどりの服を着る時代だから色糸で刺すことでコーディネートを楽しめる、という考えのもとで施されたデザインです。

**束松陽子《つかまつようこ》**

毎月変わる帆布の中から好みの配色を選択できるセミオーダーメイドのトートバッグを、職人と二人三脚で製作・販売。WEBでのトートバッグ販売で注目を集め、全国各地のショップやギャラリーで展示販売のイベントも。シンプルで機能的なデザインと丈夫な作りで、高い人気を得ている。

www.mitsubachi-tote.com

**福田里香《ふくだりか》**

お菓子研究家。2002年、青森県主催のアートフェスに参加したのを契機に地元との交流が始まる。民藝運動に傾倒していた両親のもとで、民藝に囲まれて育つ。著書に『フレーバーウォーター』『自分でつくるグラノーラ』(文化出版局)、『フードを包む』(柴田書房)などがある。

www.yendesign.com

## ❖ 津軽のこぎん刺しと民藝

こぎん刺しは江戸時代、木綿の衣料を着ることが許されていなかった青森県津軽地方の農民の間で、保温と補強のために女性たちの手により生み出された刺し子刺繍の一種です。

名もない津軽の女達よ、よく是程《これほど》のものを遺《のこ》してくれた。
麻と木綿とは絹の使用を禁じられた土民の布であつた。
だがその虐げられた禁制の中で是程美しいものを生んでくれた。
それを幸な不幸と云うか、又は不幸な幸と呼ぼうか。
人々は生活に即して、ものを美しくしたのである。
柳 宗悦

この文章は、こぎん刺しを大特集した民藝運動の機関誌『工藝』14号（昭和7年発行）より抜粋したものです。明治の近代化に伴い、一度途絶えたこぎん刺しの価値を再発見したのは、民藝運動の創始者である柳宗悦さん（1889-1961）でした。『津軽のこぎん』（村岡景夫著、昭和18年発行）の後書きでは「面《もっと》も模様の変化甚《はなは》だ多く、その卓越した図相の美に於《お》いて、比類するもの他になく、刺子類としては、正に日本随一と讃えていい。農民から生まれた純地方的な服飾の一つとして、世界のどこへ出しても引け目をとらないであらう」と最大級の賛辞を贈っています。柳さんはこぎん刺しに「用の美」を見たのです。これらをきっかけに地元で復興と保存の運動が起こり、今日までひそやかに続いています。こぎん刺しが民藝の刺繍たるゆえんはここにあります。

## ❖ 麻布に木綿糸

こぎん刺しは、知られざる日本の刺繍文化です。日本には約400年前まで、木綿はありませんでした。それ以前は何で衣類が作られていたかというと、麻だったのです。海外から木綿が伝来しても、綿花の育ちにくい土地柄のせいで、津軽の農民はずっと長く木綿地の着物を藩から禁止されていたそう。そのうえ、極寒の地でありながら、衣服に裏地をつけることも禁じられ、結果、布を二重にしたのと同じ防寒効果と強度を持つ美しい総刺し刺繍・こぎん刺しを生み出したのです。当時の着物を22ページに掲載していますので、あわせてごらんください。こぎん刺しは刺し子の一種ですが、織り模様に見えるほど細かい刺繍は、ほかに類がありません。基本模様《もどこ》どうしを組み合わせ、「囲み」「流れ」と呼ばれる斜めにつなぐ刺し方で大きな菱形を構成するので、パターンには無限のバリエーションがあります。また、刺し子は普通、「木綿布に木綿糸」で刺すものですが、津軽地方の特殊な事情によりそうせざるをえなかった「麻布に木綿糸」という、こぎん独特の素材の組合せも、今の時代にはすこぶるチャーミングに映ります。

### ❖ 用の美は、規則性に宿る

布芸展が忠実に守っていることがあります。それは、たて糸に沿って奇数の目をすくい直線的に刺すという、こぎん刺しの規則性です。いろんな材料を自由に組み合わせたり、曲線で写実的に刺す刺繡が自由詩だとすると、こぎん刺しの美は俳句です。定型詩である俳句の音節は五七五と決まっていて、一見不自由ですが、だからといって自由詩に比べ劣っているわけではありません。むしろ、規則を作り簡潔な言葉に集約することで、深遠なる世界を生んでいます。こぎん刺しも同じです。1、3、5、7などと奇数目を刺すという規則を守ることが、この刺繡に圧倒的な美しさをもたらしているのです。

数への服従が此《この》不思議を演じるのである。
今の人々は自由に急ぐ、それ故《ゆえ》「こぎん」が出来ない不自由を嘗《な》める。
醜さの大かたは法を等閑《なおざ》りにするからである。
数と美は結び合ふ。
柳 宗悦　『工藝』14号より抜粋

### ❖ 補強と保温のこぎん刺し

一般的な刺繡が装飾的なのに対し、こぎん刺しは、補強と保温のために施された働く刺繡です。布芸展では、その原点に立ち返り、飾りとして目立つ部分ではなく、補強や保温されるべき場所にこそ、こぎん刺しを刺しています。たとえばバッグの底部分、それからストールの首に当たる部分。それが布芸展のデザイン理念になっています。この本では、こぎん刺しの魅力を大切にしながらも、現代の生活の中で使いやすいかたちを提案しています。前半は、布芸展オリジナルバッグの作り方をご紹介しています。後半は、麻布以外、たとえばジーンズやブラウスの補修にこぎん刺しが使えるように工夫したアイディアを提案しています。初めて刺すかたは、基本の刺し方を練習し、一つの柄を刺すことから始めてみてください。いったん要領がわかると広い面積や組合せ柄も刺せるようになります。こぎん刺しは、よそいきの刺繡ではありません。あなたの日常生活でこぎん刺しがお役に立ちますように。

東松陽子、福田里香

弘前こぎん研究所にて、こぎんを刺す刺し手さん (2007年撮影)

1
2
3
4
5
6
7
8
9
10
11
12
13
14
15
16
17
18
19
20
21
22
23

## こぎん刺しの基本はもどこです

「もどこ」とは、津軽弁でこぎん刺しの模様の一単位のことを指します。一部の例外を除いて、木綿糸で麻布の目を1、3、5、7、9などと、奇数ですくって幾何学模様を形作るのが、もどこの基本です。こぎん刺しは、もどこを組み合わせることで無限の模様を作り出し、また連続刺しをすることで、補強、保温の役目を果たします。津軽には古くから伝わるもどこが数十種類ほどあるといわれていますが、ここでは私たち布芸展のお気に入りで、今もよく使われているもどこをご紹介します。もどこは、身近な動植物や風物をモチーフにしていることが多いのです。それから、かわいいものの語尾に愛称として「こ」をつけるのが津軽弁の特徴です。まずは、もどこと津軽弁に親しんでみましょう。

（図案 p.40 〜 42 ① 〜 ㉓）

**1　かちゃらず**
「豆こ」を反転したもどこ。「かちゃ」は「裏返し」のことで、「裏返しにあらず」の意味。

**2　花こ**
つなぎのもどことして重宝。「結び花」や「花つなぎ」など花この応用です。

**3　豆こ**
昔は家々で在来種の豆を収穫していました。小ささを生かし、もどこどうしのつなぎに使います。

**4　石畳**
津軽の城下町、弘前に広がる石畳から着想を得たのでしょうか。幾何学模様が美しい。

**5　結び花（むすびばな）**
遅い北国の春、咲きはじめた野草を集めて花束にしたような風情。

**6　島田刺し（しまださし）**
刺し手さんの髪型は、島田結いが多かったそう。当時の髪型に由来する、乙女なもどこ。

**7　うろこ**
魚のうろこに由来。この名前のもどこは複数あり、どれもうろこ刺しの発展形。

**8　小枕刺し**
時代劇に登場するような、足の高い小さな枕。これを模したもどこ。

**9　ふくべ**
「ひょうたん」の意味で縁起のいい柄。曲線のひょうたんを直線模様に変換した無名の刺し手さんに脱帽。

**10　猫のまなぐ**
「まなぐ」は津軽弁で「目」のこと。猫の顔の柄です。囲炉裏端で、暖をとる愛猫から思いついた柄かも。

**11　猫の足跡**
猫の肉球の柄。新雪に残った愛猫の足跡を見て思いついたのかもしれません。

**12　だんぶりこ**
津軽弁で「とんぼ」。連続柄で刺すと、たんぼで遊ぶとんぼの群れのよう。

**13　やすこ刺し**
足をかけて転ばすことを「やすこをかける」と言います。それは危険という意味で、模様が×印になっています。

**14　てこなこ**
津軽弁で「ちょうちょ」。ちょうちょが羽を広げてお花にとまっているような情景の、かわいらしいもどこ。

**15　四つこごり**
津軽弁で「四つの雪の塊」の意味。冬の風物を取り入れた珍しいもどこ。

**16　くるびから**
「胡桃の殻」のこと。くるみを殻ごと縦に割った模様。津軽の里山には鬼ぐるみが自生しています。

**17　べこ刺し**
べこは「牛」のこと。牛のどの部分に似ているから、べこ刺しと名前がついたのか不明だそうです。

**18　馬の轡（うまのくつわ）**
かつて津軽にも、人々の身近に馬が飼われていた生活があったのです。

**19　花つなぎ**
名前を知ると、花の首飾りに見えてきませんか。大柄のもどこ。

**20　鍬の刃（くわのは）**
畑仕事に欠かせない道具が由来。連続で刺すと、鍬で畑を耕した跡のよう。

**21　市松**
日本古来の伝統柄で、こぎん刺しでは、もどこの刺終りにつける止めの柄です。

**22　豆この連続**
横に刺して止めの柄にしたり、斜めに刺してもどこを囲むのに使用。

**23　竹の節（たけのふし）**
止めの柄として使用。津軽の自生種の根曲り竹は、りんごかごの材料です。

素材：麻布×木綿糸
(図案　左 p.44 ㉗　右 p.45 ㉘
バッグの作り方 p.59)

津軽の城下町、弘前は桜の名所です。生成りの麻布に桜色の糸で刺しました。こぎんを淡い色で刺すと、こんなに可憐な刺繍だったんだな、と改めて気づかされます。左は、A4サイズの書類が入る大きさなので、仕事で使うにも便利です。右は、お財布と携帯、ハンカチ、リップクリーム、ちょっとした小物を持ち運ぶのにちょうどいいサイズです。

**底刺しの一本手バッグ**

模様：うろこ形の花つなぎ流れ
素材：麻布×木綿糸
（図案 p.43 ㉔　バッグの作り方 p.60）

肩から提げられる使い勝手のいいバッグです。布芸展の作品はどれも裏地をつけていません。そのかわり、いちばん傷みやすい底部分に必要最低限のこぎん刺すことで、デザイン性と機能性を兼ね備えました。

## まちつききんちゃく

模様：うろこ形の糸囲みと花つなぎの
かちゃらず入り豆こ囲み
素材：麻布×木綿糸
（図案 p.49 ㉛　きんちゃくの作り方 p.61）

端を三角に縫うことで、簡単にまちつきの袋ができます。こぎんの連続柄を一部取り出して配置したデザインは、どこか北欧諸国の刺繍を思わせます。

## まちなしきんちゃく

模様：べこ刺しの花囲みと
かちゃらず入り豆こ囲み
素材：麻布×木綿糸
（図案 p.48 ㉚　きんちゃくの作り方 p.61）

古典のこぎんでは、名手になると、もどこを自在に組み合わせて大きな菱形を刺しますが、菱形一つを取り出すと、初心者向きになります。

## あけびかごの目隠しきんちゃく

模様：豆ことかちゃらずの糸つなぎ
素材：麻布×木綿糸
（図案 p.45 ㉙　きんちゃくの作り方 p.62）

津軽の伝統工芸あけびかごに、こぎんの麻布で目隠しをつけました。横長に刺すと、着物にも洋服にもよく映えます。お気に入りのかごのリメイクに活用してください。

## もどこの針山

素材：麻布×木綿糸
（図案 p.40 ～ 42
⑨ ～ ⑪、⑬ ～ ⑲
針山の作り方 p.61）

花つなぎ
やすこ刺し
ふくべ
猫の足跡
べこ刺し
馬の轡
猫のまなぐ
四つこごり
くるびから
てこなこ

かわいい由来を持つもどこを集めて、針山を作りました。こぎん刺し初心者におすすめ。まずは一つのもどこを刺してみましょう。もどこは自然をモチーフにしているものが多いので、好きな動植物を選ぶと張合いが出ます。布芸展の針山には、麻布から出るくず糸をたっぷり詰めています。麻は油分を含んでいるので針がさびにくいという効果があり、一石二鳥のリサイクルです。

## トートバッグの外ポケット

模様：裏うろこ形の花つなぎ流れ
素材：藍染め麻布×木綿糸
（図案 p.43 ㉕　外ポケットの作り方 p.63）

使い古したトートバッグを藍染めにし、こぎんの外ポケットをつけてリメイクしました。縁を三つ折りにして手縫いでざくざく縫いとめるだけと簡単。藍染めの麻布に白い木綿糸という正統派こぎんの色づかいもやはりすてきです。
リメイクのアイディアをもう一つ。糸玉入れです。ふたつきのプラスチック容器をきれいに洗い、底にはと目の穴をあけます。糸玉を入れたらふたをして逆さにし、穴から糸を出します。糸玉が転がらないからとても便利。使用したのはサンフランシスコの「Whole Foods Market」で買ったドライフルーツの空き容器。

### 5年使ったちいさいバッグ

模様：てこなこの豆こ流れ
素材：麻布×木綿糸
（図案 p.52 ㉜）

このバッグは、布芸展が初めてこぎんの展示をしたときに作ったバッグです。そのとき会場の担当者のTさんが購入し、以来ずっと日常的に使い続けくださっています。こぎんは、刺し上がったときが終りではありません。使えばこんなふうに美しく変化するのですから、きれいなまましまっておくのはもったいない。ぜひ、くたくたになるまで使ってみてください。ほつれたら、また上から縫えばいいのです。

## こぎん刺しの刺し方　基本編

こぎん刺しは、基本的に1目、3目、5目……など、布の奇数目を拾って刺していきます。
このルールを修得すれば、すいすい刺せるようになります。

### 材料と道具

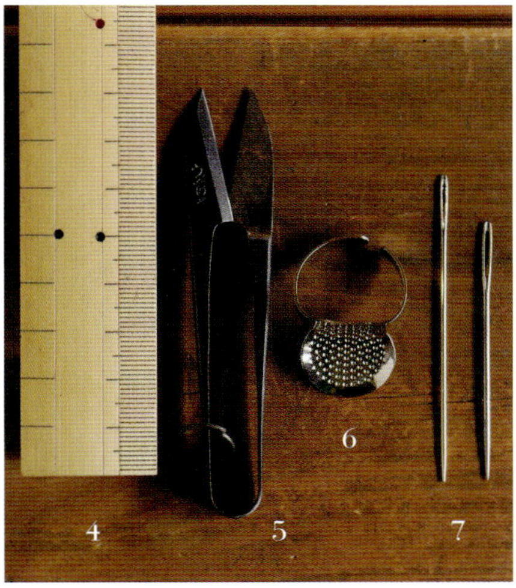


1　布
目の粗い平織りの麻布を使用します。ゲージは1cm四方で縦が約10目、横が約8目のもの（下写真参照、実寸大）。伝統的な津軽の麻布は、縦の目が詰まっているので、模様が縦長の菱形になります。

2　こぎん用の糸
この本では細い綿糸9本を甘よりにしたこぎん糸を主に使用しています。つや消しで素朴な質感の刺繍糸です。メーカーによって本数が違う場合がありますので、好みで選びます。25番刺繍糸でも可能です。

3　印つけ用糸
刺し位置をしるすときに使用します。こぎん用の糸とは違う色を選んで。

4　定規
連続柄を刺すときなどに使います。

5　糸切りばさみ
たびたび糸を切る工程が出てきますので、用意しましょう。

6　皿手皮
運針をしていくときや、針が抜きにくいときに使用します。なくても刺せますが、手が慣れてきたらあると便利。指ぬきでも可（使い方はp.16参照）。

7　針
針先が丸く、繊維を壊さずに刺せる針を使用します。こぎん針やクロスステッチ用針、毛糸のとじ針など。

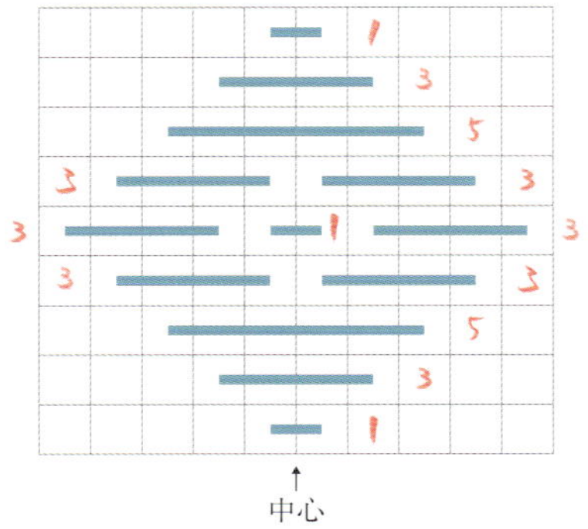


**図案の見方…「花こ」の場合**（下写真）

方眼の目盛りが布目となります。方眼に入っている縦線を1目と数えます。
図案を見ながら刺していくので、複雑な図案は「1、3……」と拾う目数を自分で記入するとわかりやすくなります。

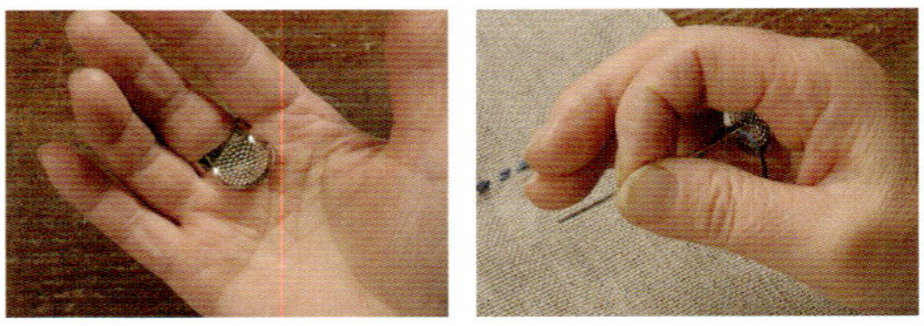

**皿手皮の使い方**

中指にはめて、刺し進めながら平らな部分で針の頭を押します。

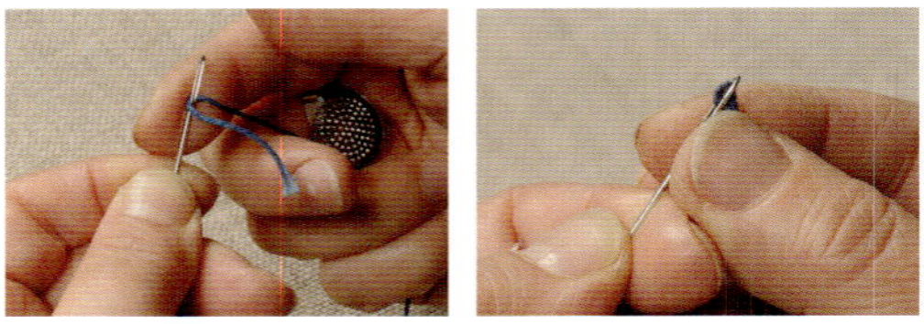

**糸の通し方**

針の外側に糸をかけて、親指と人さし指でぐっと押さえ、糸を平らにしてから、針穴に入れます。

## 簡単なもどこで練習しましょう

まずは基本のもどこを刺してみましょう。ここでは小さな「花こ」柄で練習します。

1　布を四つ折りにしてくせをつけ、中心を決めます。＊矢印は縦地の方向

2　中心の1目を刺します。針は左側の糸についた状態です。

2'　2のアップ。

3　こぎん刺しは必ず右から左へ刺します。続けて1段目の左側の模様を刺します。

4　ここで、左側の糸についていた針を抜き、右側の糸に通します。

5　布を180度回転させます。
＊1段刺すごとに布を180度回転させ、右から左に刺していくのが基本です。

6　続けて1段目の残りの模様を刺します。

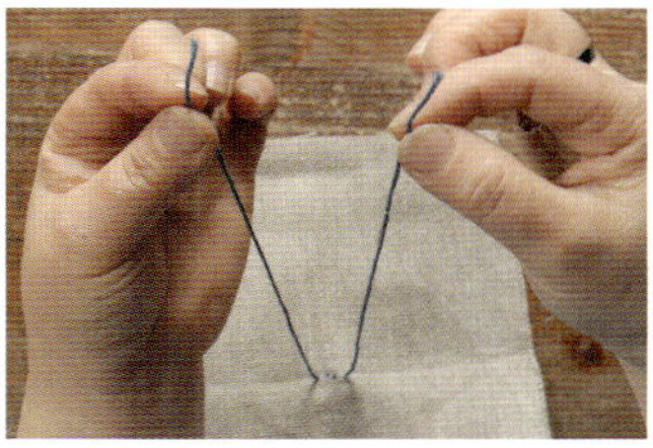

7　布を裏返しにして、左右の糸を同じ長さに合わせます（この作業はもどこ単体を刺す場合のみで、連続柄では行ないません）。

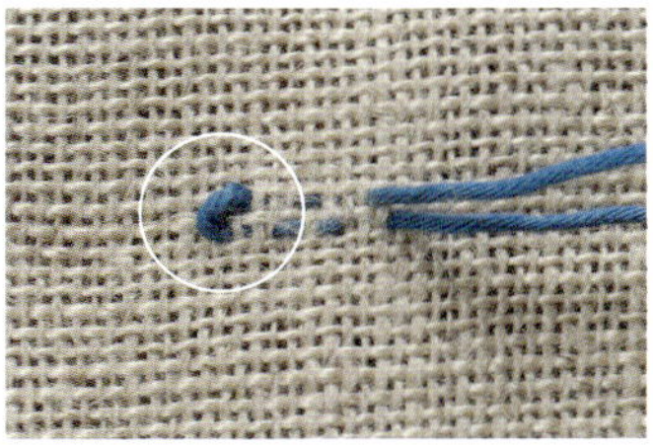

8　2段目からは端から端まで一気に刺し進めます。次の段に移るときは、折返しの糸は軽くゆるみを持たせます。

＊写真は裏から見たところ。針は上段の糸についています。

9　1段刺し終わるごとに布を180度回転させ、右から左に刺していきます。

9'　上半分が刺し終わりました。

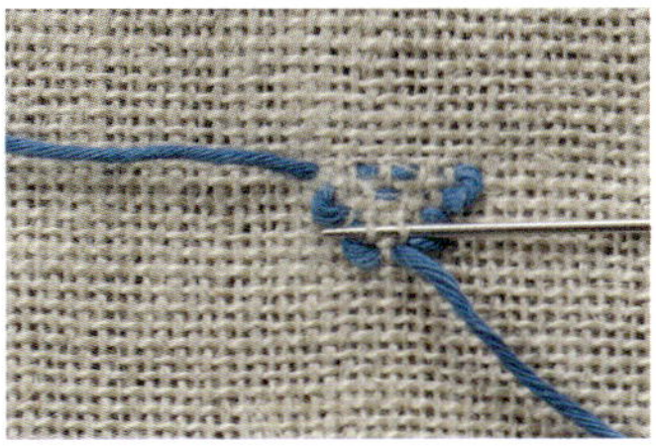

10　糸の始末をします。布を裏返して180度回転させ、糸が渡っていない部分の目を1目ずつ2目すくい、糸を通します。

11　余分な糸を切って、上半分が完成です。

12　針をつけかえて、上半分と同様に下半分の模様を刺していきます。

12'　1段刺し終わるごとに布を180度回転させ、右から左へ刺していきましょう。

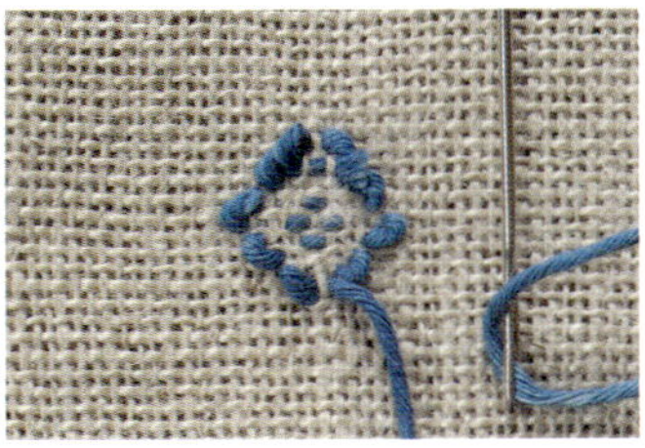

13　下半分が刺し終わりました。

＊写真は裏から見たところ。

14　糸の始末をします。糸が渡っていない部分の目を1目ずつ2目すくい、糸を通します。

15　余分な糸を切って、完成です。

## 少し慣れたら連続柄に挑戦

基本のもどこに慣れたら、連続柄を刺してみましょう。
ここでは、「うろこ形の花つなぎ流れ」を刺していき「底刺しのちいさいバッグ」を作ります。

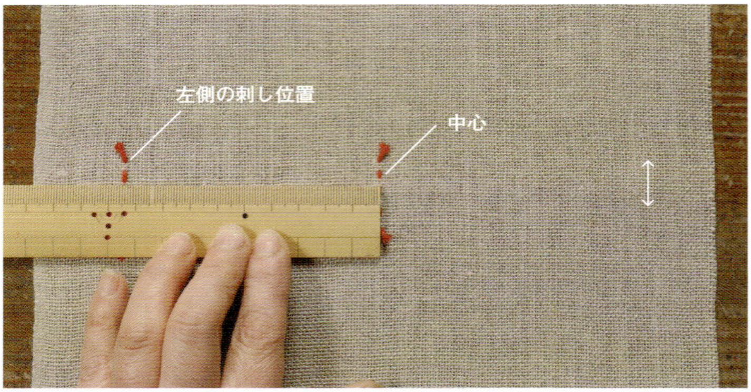


1 布を四つ折りにしてくせをつけ、中心を決めます。中心から左側の刺し位置までの長さをはかり、別糸で印をつけます。＊矢印は縦地の方向

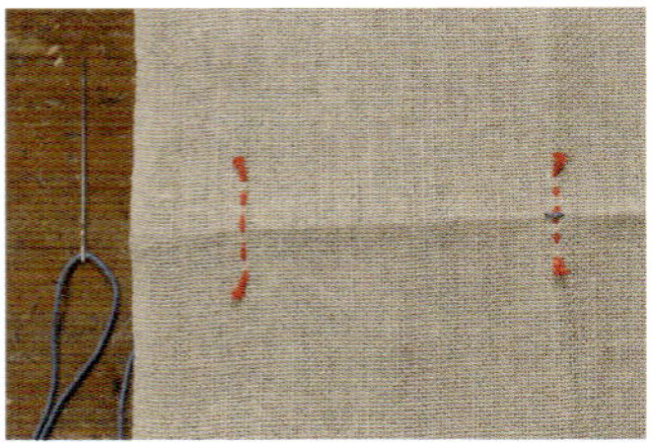

2 1段目を刺していきます。刺始めの中心と、布の中心がぴったり合うようにします。糸を引くとき、5cmほど残しておきます。

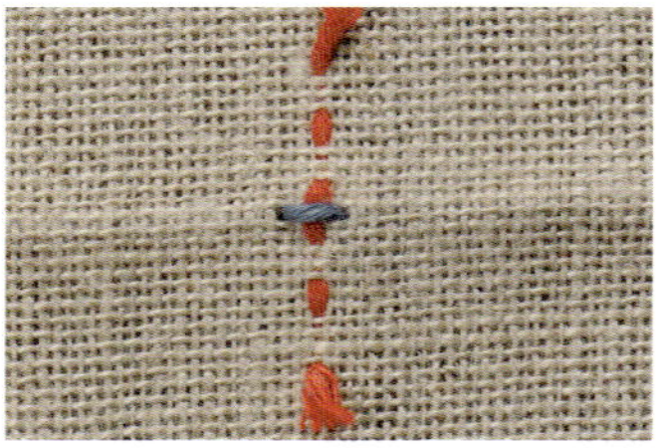

2' 2のアップ。

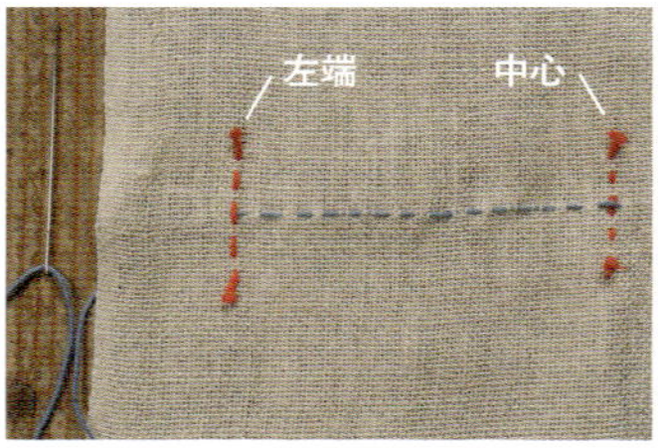


3 中心から左へ、1段目の左半分を刺していきます。

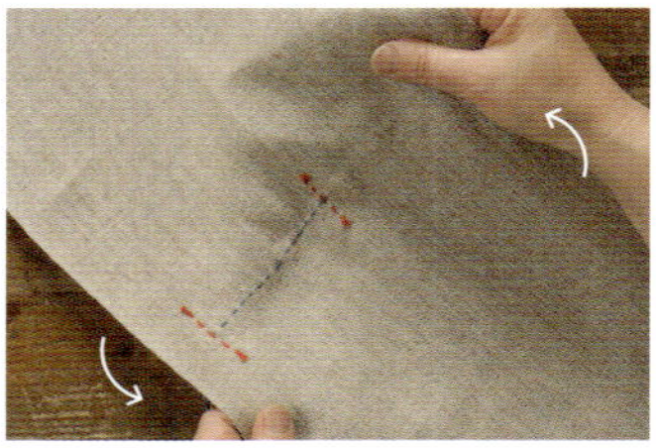

4 左側の糸についていた針を抜き、右側の糸を通します。布を180度回転させます。

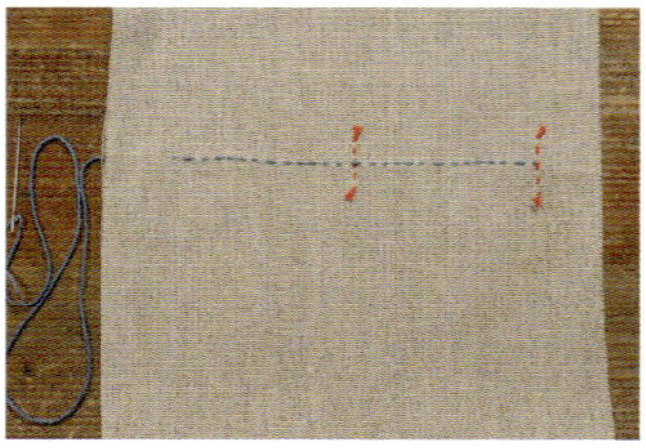

5 残りの1段目を刺していきます。

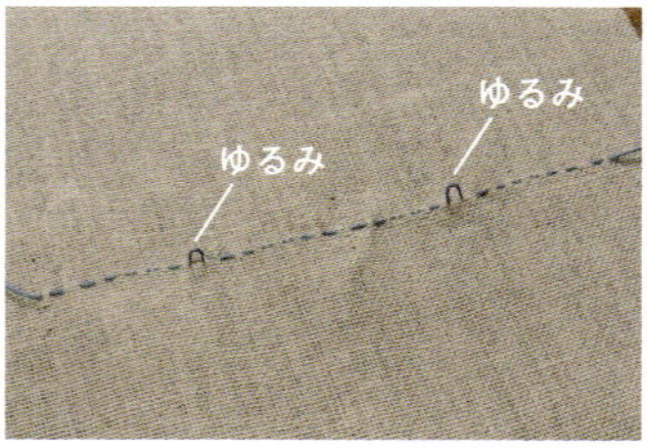


6 1段目が刺し終わったら、布を裏返します。右半分と左半分に1か所ずつ、5mmくらいの高さのゆるみの山を作ります（※）。

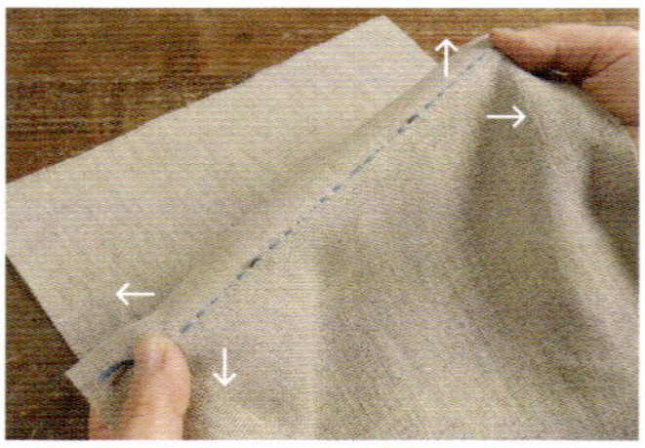

7 布の両端を持ち、斜めに左右交互に引っ張ることを、ゆるみの山がなくなるまで繰り返します。これを「糸こき」といいます（※）。

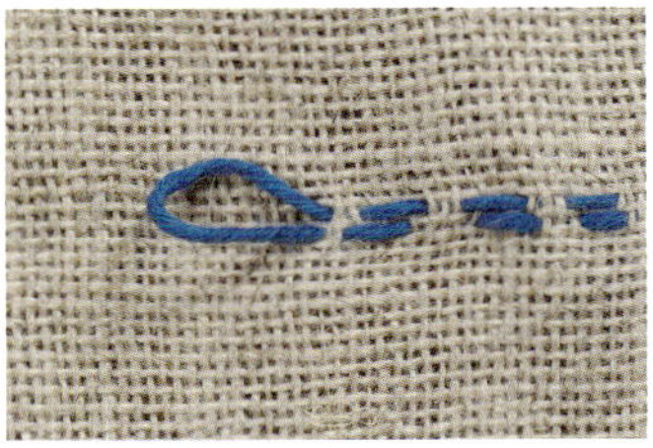

8　2段目を刺していきます。段が変わるごとに、布の裏側の端に1cmほどのゆるみの輪を作っておきます（※）。

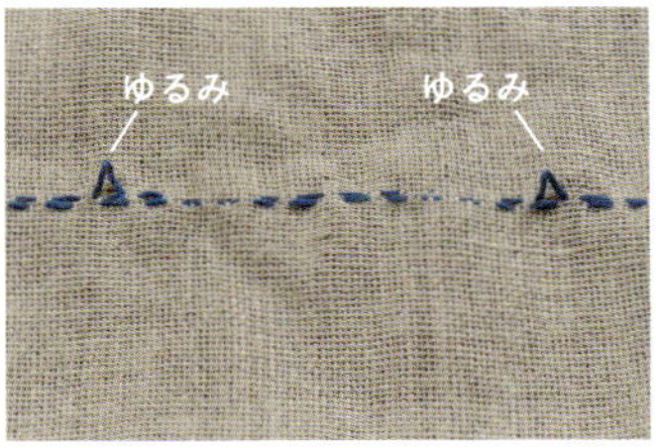


9　2段目が刺し終わったら、1段目と同様に5mmくらいの高さのゆるみの山を作り、ゆるみの輪と山がなくなるまで糸こきをします（※）。

10　1段ごとに、ゆるみと糸こきを繰り返し、上段の1/2が刺し終わりました。

11　糸が足りなくなったら、つなぎます。糸つなぎは必ず右端か左端で行ないます。刺している途中、糸のよりが甘くなってきたら、写真のように糸のよりがかかっている方向に針を回してよりをかけます(※)。

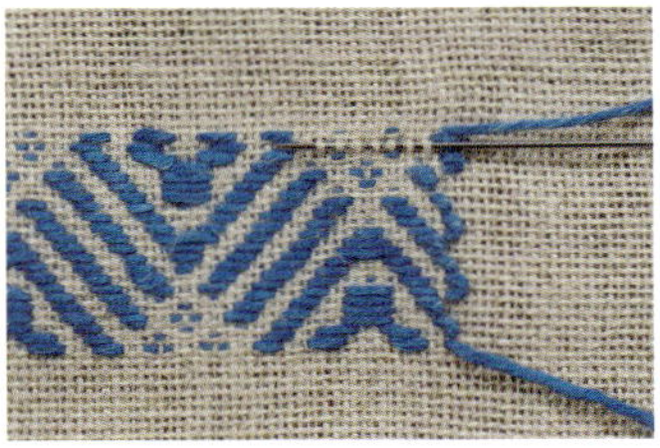

12　糸が渡っていない部分の目を1目ずつすくい、2cm程度の長さになったら糸を通します。余分な糸は切っておきます（※）。

13　2で残しておいた刺始めの糸は、12と同様に処理します（※）。

14　上半分の連続柄が刺し終わりました。

15　同様に下半分も刺していき、完成です。

16　バッグの完成。作り方はp.59。

（※）は裏から見たところです。
ポイントは、「ゆるみ」と「糸こき」です。
布がつっぱるのを防ぎ、柄をきれいに見せるために不可欠な作業です。
p.21の抜きキャンバスを使って刺す場合は、必要ありません。

## 応用編

ここでは、平織りの麻以外にも刺せるように「抜きキャンバス」を使用した刺し方を紹介します。これを使えばニットやジャージー素材など、針が通る素材なら何でも刺すことができます。

### 材料と道具

1 糸

毛糸やシルク、麻、ミックス糸など。いろんな糸を使ってみましょう。

2 刺す素材

キッチンクロスや麻や綿のテープ、リボン、ニット地なども抜きキャンバスを使えば刺せます。

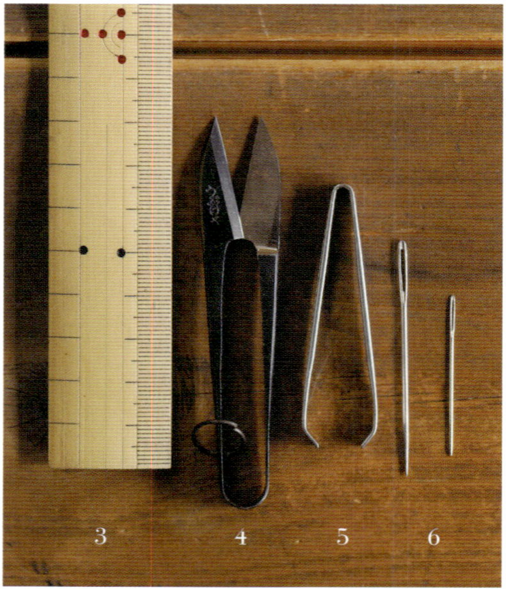


3 定規

連続柄を刺すときなどに定規ではかります。

4 糸切りばさみ

たびたび糸を切る工程が出てくるので、用意。

5 毛抜き

抜きキャンバスの糸を抜くために使用。

6 針

こぎん針やクロスステッチ用針、毛糸のとじ針など先端が丸く、とがっていない針。

**抜きキャンバスを使う場合**

抜きキャンバスの目は縦横同数なので、模様も縦横同じ長さの菱形になります。
p.17の8、p.18、p.19の6～9の「ゆるみ」は必要ありません。抜きキャンバスの糸を抜いたときに、自然にゆるみができます。

7 抜きキャンバス
たて糸とよこ糸の目が同比率のメッシュ状の布。

8 チョークペンシル
刺す素材に刺す範囲の印をつけるときに。

9 印つけ用糸
刺し位置をしるすときに使用します。

## 抜きキャンバスの種類

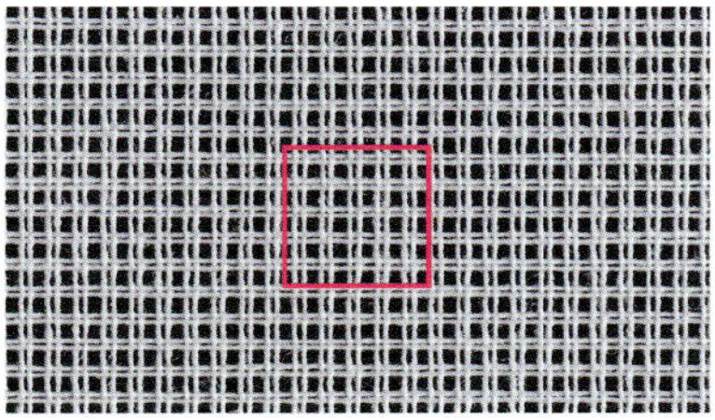

1 織り糸が2本どり
織り糸が2本どりのタイプ。しっかりしているので刺しやすいです。＊写真は1cm四方に5×5目

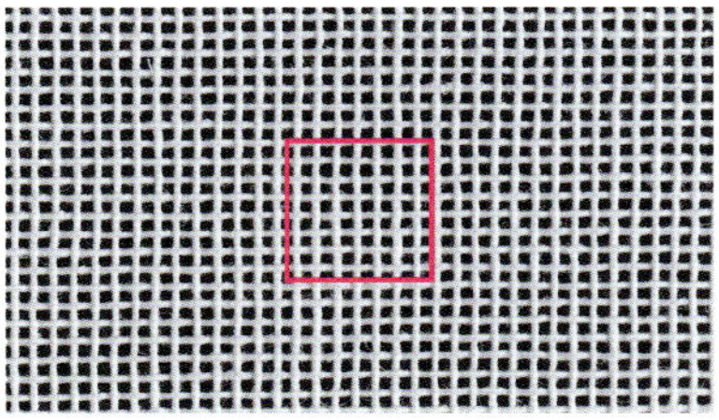

2 織り糸が1本どり
運針がしやすい1本どり。デニムなど目の詰まったかための生地に適しています。＊写真は1cm四方に7×7目

## 抜きキャンバスの使い方

準備 刺す素材にアイロンをかけ、織り目のたてよこを整えておきます。

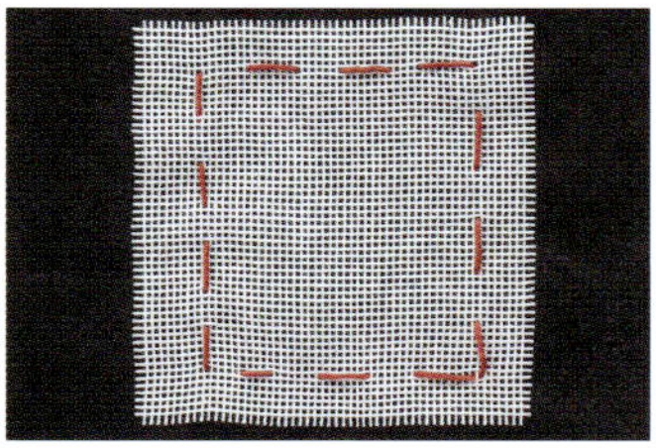

1 抜きキャンバスを図案よりも一回り大きめにカットし、しつけ糸でとめます。素材の目と抜きキャンバスの目をきちんと合わせてください。ずれていると針が通りにくくなります。

2 抜きキャンバスの上から刺し、しつけ糸をほどきます。抜きキャンバスの一方を残し、三方をこぎんを刺したぎりぎりのところでカットします。

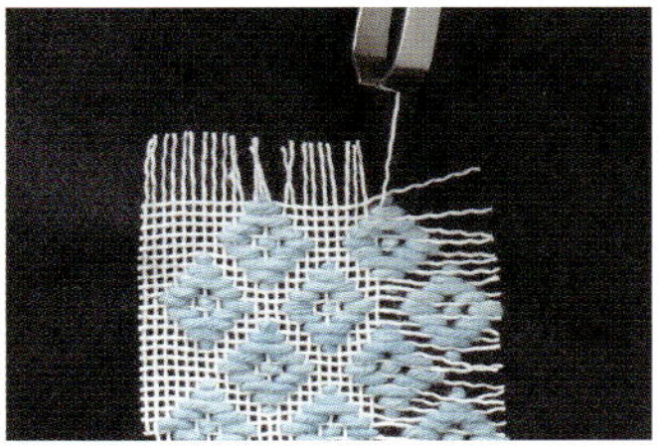

3 抜きキャンバスの織り糸を抜きます。毛抜きで布と平行に1本ずつ抜くのがこつ。

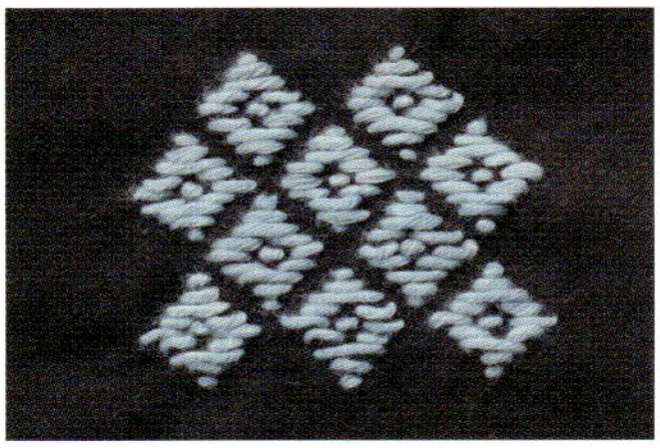

4 抜き終わった状態。

## 古い筒袖の野良着

模様：馬の轡の糸囲み
素材：藍染め麻布×木綿糸
（図案 p.53 ㉝）

津軽地方に伝わる古いこぎんの野良着です。農作業に便利な「筒袖」という形で、たもとをなくして動きやすくしています。シャツのような直線的な袖は、シンプルな造形で新鮮、現代的に見えます。この野良着が作られたのは、江戸時代か、明治時代の初めといわれています。こぎんは本来、このように、墨と見まごうほどの深い藍に染めた麻布に白い木綿糸で刺繍をしたものが正統です。基本的に一針ずつ、1、3、5、7、9などと奇数の目で針を刺すのが、こぎんの特徴。布目を正確に数えながら刺すことで、美しい菱形を描く幾何学模様を作り出しています。現在私たち布芸展は、生成りの麻布に新しく選び直した色糸で刺す、というアレンジを加えて作品を作っていますが、この刺し目だけは今も昔も不変です。

## ひざ当てのジーンズ

模様：だんぶりこの連続
素材：インディゴ地×木綿糸
（図案 p.56 ㊳
リメイクのしかた p.56）

昔の野良着に代わる現代の衣類といえば、ジーンズではないでしょうか。ジーンズの染料であるインディゴも、防虫と補強効果が絶大で世界中に広まった天然染料、いわば藍染めの兄弟ともいうべき存在です。ですから、こぎん刺しとの相性もいいのです。破れが目立つジーンズにこぎん刺しでひざ当てをしたら、レースのような清楚な仕上りに。

### 背当てのストール

模様：花つなぎの連続
素材：リネンガーゼ×竹と麻の混紡毛糸
(図案 p.54 ㉞
ストールの作り方p.64)

リネンガーゼには、生成りと白の2色よりの混紡糸で、「花つなぎ」を連続して刺してみました。半分が同系色なので、ふんわりと白い部分だけが浮かび出て、まるで5月の山野のよう。この時期の津軽はアカシアの花が満開を迎え、白くかすんで見えるのです。

### ひじ当てのセーター

模様：市松
素材：カシミア×木綿糸
(図案 p.42 ㉑)

3目ずつ刺す、を繰り返すだけの「市松」は、初心者におすすめ。裏にダブルガーゼで当て布をすると補強になります。

## 首当てのストール

模様：てこなこの連続3目あき
素材：一重ガーゼ×シルク毛糸
(図案 p.55 ㉟
ストールの作り方 p.64)

生地と糸にピンクを重ねた蝶々のもどこは、どこか大人っぽくて、女子好みのかわいさです。ストールにこぎんを刺す場合、端に単なる模様として入れるのはもったいない。こぎんの保温効果は本当にすばらしいので、ぜひ中央部分に25 ～ 30cm正方を目安に刺してみて。首まわりなど、寒いなと感じた部分にこぎんを当てて巻けば、すぐにほかほかです。特にシルクで刺すと、保温力はタートルネックのセーター級。作品はピュアシルクの糸で刺したもの。使ううちにもけもけの毛玉ができるのも風合いの一部です。

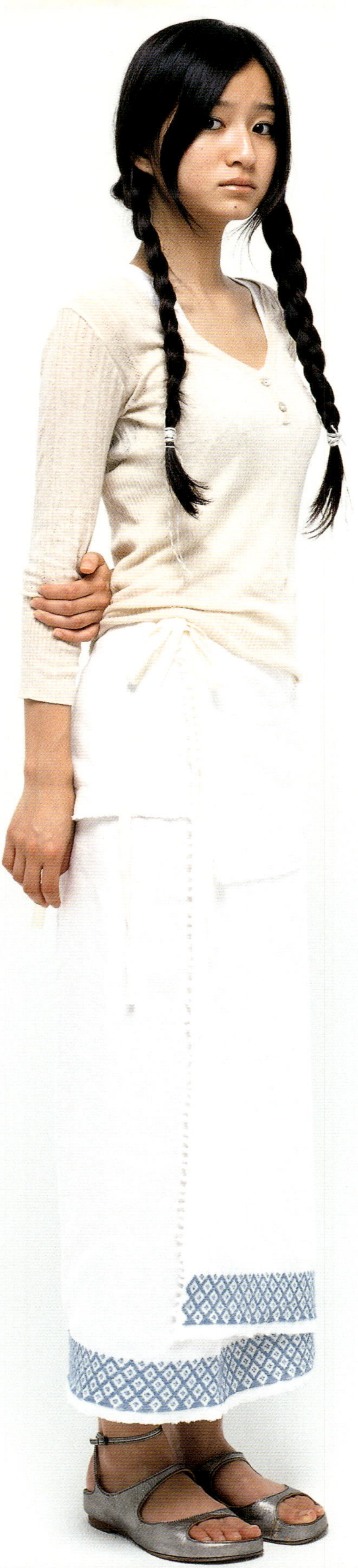

## 裾当てのラップスカート

模様：花この裏模様の連続3目あき
素材：麻布×木綿糸
（図案 p.56 ㊶
スカートの作り方 p.65）

ミシンがなくても大丈夫。裁断面をほどいて結んだり、生地の耳をうまく利用して、手縫いだけでできる簡単なラップスカートです。ウエストはテープで結びます。擦れやすい裾には、ぐるりとこぎんを刺して補強しました。「花こ」の裏模様が表になるように刺すと新鮮な印象。こぎんは裏模様も美しいのが特徴です。

## パンツのおしり当て

模様：花この連続3目あき
素材：ダブルガーゼ×木綿糸
（図案 p.56 ㊷
パンツの作り方 p.66）

左右対称のシンプルなパターンを使って、ダブルガーゼのパンツを作りました。ミシンで縫えば30分でできてしまう簡単パンツですが、ファスナーを使わずにひもを結んでとめるデザインなので、ミシンを使わずちくちく手縫いで作りました。時間はかかりますが、手縫いはこぎん刺しとの相性がいいのです。擦れやすいおしり部分には、「花こ」を連続柄で刺しました。

### ブラウスの肩当て

模様：猫のまなぐつなぎ
素材：麻布×麻糸
（図案 p.57 ㊸）

本来のこぎんは、野良着の肩から胸、背中にかけて刺されていました。これは普段着のブラウスですが、荷物をよくかけるほうの肩に補強で刺しました。雪空のようなグレーの麻糸は、北欧のもの。同じ北国のせいか、こぎん刺しと相性がいいのです。「猫のまなぐ」を連続柄で入れると、なんだか肩に子猫をのせているみたい。

## カードケース

模様：りんごっこ(上)、ぶなこばこ(下)
素材：帆布×木綿糸
(図案 p.55 ㊱、㊲
カードケースの作り方 p.68)

手縫いで作る名刺入れです。こぎん刺しが盛んだった時代、かの地にまだりんご栽培の技術はありませんでした。津軽の風物をもどこにするのが、こぎん刺しですから、見渡すとりんご園の広がる現代の津軽には、りんごにまつわるもどこがあってもいいのでは？と布芸展は考えました。「りんごっこ」と「ぶなこばこ」は、私たちが考えた新しいオリジナルもどこです。りんごを運搬するのに使う木箱は、津軽の山野に昔から自生するぶなの木の木っ端で作られているのをご存じですか？ ぶなもやっぱり語尾に「こ」をつけて「ぶなこ」と呼ばれているのです。

## くるみボタン

模様：花この連続、
豆この連続かちゃらず入り、
うろこ形合せ、小枕刺し合せ、
石畳合せ
素材：麻布×木綿糸
(図案p.58 ㊺ ～ ㊾
作り方のこつp.58)

ボタンだけは、手持ちの洋服に合わせやすいようにと、色とりどりに作っています。ステンカラーコートのボタンに印象的な色合せのボタンを一つだけ、それからワンピースの飾りボタンにもぴったり。ボタン穴にヘアゴムを通して、髪飾りや腕輪にするのもすてきです。

こぎんでいろんな衣類をリメイクしました。

エプロンの胸ポケット

シャツの袖口当て

バッグの肩ひも

パンツのロールアップテープ

靴下のかかと当て

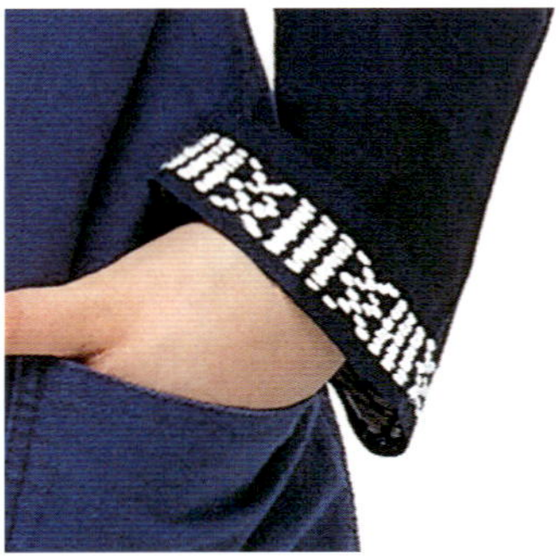

### シャツの袖口当て

模様：竹の節
素材：木綿×木綿糸
(図案 p.42 ㉓)

着古した綿シャツは､藍染めにして。袖口には補強がてら、こぎんを刺すと小粋な仕上りに。

### エプロンの胸ポケット

模様：猫の足跡の糸流れ
素材：藍染め麻布×木綿糸
(図案 p.57 ㊹
胸ポケットの作り方 p.63)

簡単に折り曲げるだけで作れるポケットです。エプロンにかぎらず、いろんな衣類にこぎんのポケットをつけてみませんか？

### バッグの肩ひも

模様：豆この連続3目あき
素材：麻リボン×木綿糸
(図案 p.43 ㉖　肩ひもの作り方 p.62)

お気に入りのエコバッグに、肩から提げるための第二の持ち手をつけました。にんにくとねぎの絵柄に合わせ、野菜つながりで、「豆こ」の柄を刺しました。マーケットに持っていくのが楽しみ。

### 靴下のかかと当て

模様：石畳の連続
素材：麻毛糸×木綿糸
(図案 p.56 ㊵)

靴下のかかとを、こぎん刺しで補強しました。足もとには「石畳」がぴったりです。靴下の中にボール紙などを入れて、伸ばした状態にして刺します。

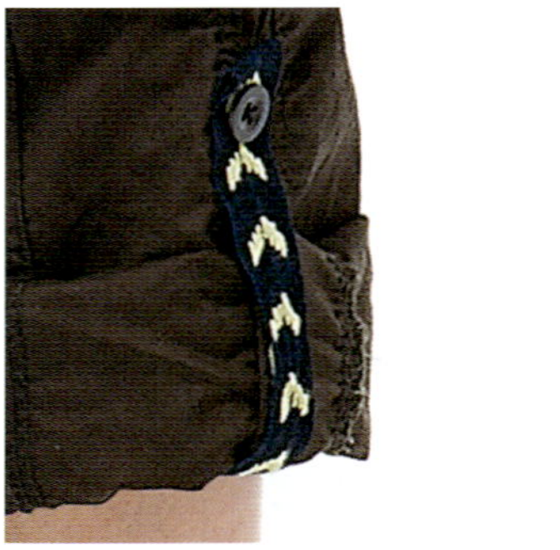

### パンツのロールアップテープ

模様：鍬の刃の9目あき
素材：藍染め麻リボン×竹繊維毛糸
(図案 p.56 ㊴)

麻リボンをロールアップのテープにして、いつものパンツを夏向きに。足首を出すと同じパンツでも格段に涼しくなります。リボンにこぎんを刺しておくと、無地のパンツのアクセントに。

## シャツとブラウスの補強リボン

模様：鍬の刃の9目あき
素材：藍染め麻リボン×竹繊維毛糸
（図案 p.56 ㊴）

幅広の麻リボンを最近よく手芸店で見かけます。このリボンを藍染めにして、「鍬の刃」を刺しました。時間の空いたときなどに、ちくちくこぎんを刺しておくと、いろんなものの補強に使えます。シャツの前立てのボタン側に縫いつければ、衿もとからちらりとのぞくのがいい感じです。またチュニックの衿もとにぐるりと縫いつけ、リボンの両端を30cmほど、前身頃にたらしてみました。がらりと服の印象を変えることができます。

2008年 ロサンゼルス・ヴェニス「tortoise」にて

お茶でも飲みながら読んでください

# こぎん刺しの魅力と手作りの
# ちょっとしたこつについてお話しします。

福＝福田里香　松＝東松陽子

## ❖こぎんで、ハンドメイド&リメイク

福　こぎん刺しは、粗い目の麻布に綿糸で刺す、というのが古典的な手法なのですが、私たちの今の衣類は、素材が多様化してますよね。今回、こぎんの本を作ることになり、ふと立ち返って考えたんです。こぎん刺しは「用の美を持つ、補強と保温のための刺繍」なのだから、もう少し広義にとらえてこぎんを刺せないかしら？って。

松　具体的に言うと、日常の普段着のつぎ当てや、初めからこぎん刺しが施されたハンドメイドの洋服が作れないか……と考えはじめたわけです。

福　やっぱり、決まった目の大きさの麻布にしか刺せない、となると用途が限られてきますし、じゃあ、その麻布が近くの手芸店になかったらこぎんが刺せない、というのは、ちょっと読者のかたが困るかな、と。

松　日常の既製服のリメイクにもこぎん刺しを使ってみたくて。

福　ジーンズのひざ当てにしたら絶対かわいいにちがいないと、私たち確信がありましたもんね。

松　だから、けっこう悩みました。たて糸とよこ糸の目を正確に拾うからこそ、規則的な美が生まれるのです。この布に刺したいと思っても、綾織りだと刺せないし、布目が細かいというだけで、とたんに技術のハードルが上がるのです。

福　どうしたらいいかと思っていたら……陽子さんが「抜きキャンバス」(p.21参照)を持ってきてくれた！

松　本来抜きキャンバスはクロス・ステッチに使うもので、きちんと水平垂直になったよこ糸とたて糸で織ってあり、糸自体が細いから刺繍糸が通しやすいという構造です。仕上がったら抜きキャンバスの糸を引っ張って抜く。そうすると布地の上に刺繍部分だけが残るという仕組み。これをこぎんにも使えば、いろんな布に刺せるんじゃないかと。

福　で、試しにやってみたら、これが大正解。特に目の大きな抜きキャンバスを使うと、こぎん刺しのもとこ自体が大きく拡大された状態になります。それがまた味になりました。

松　よく小さく描いたイラストをわざと拡大コピーにかけて、線の荒れの効果をねらったりしますよね。ちょうど、あれに似ているかも。こぎんのもどこも拡大されると、刺し目がいいぐあいに荒れて、味わいが出ます。

福　たとえば、刺していて数段前の目で間違いを発見しても、よっぽど大きな間違いではないかぎり、糸をほどいてやり直す必要はありません。その時点で、たとえば目を減らすとか足すとかして、つじつまを合わせて、刺し進んでも大丈夫です。

松　そうそう、抜きキャンバスの糸を抜いてしまうと、意外と目立たないんですよね。そこも初心者向き。

福　目の大きな抜きキャンバスだと、同じ面積を刺すにしても柄の並びが少なくなりますから、さくさく刺し進めます。初めてのかたには楽しいですよね。

## ❖抜きキャンバスを使うこつ

松　抜きキャンバスは、1本どりのものと2本どりのものがあるんですけど、私たち、刺す生地の柔らかさや運針しやすいかどうかで使い分けてましたね。

福　それと、目の大きさも違います。私たちが用意したのは1cm四方5×5目、7×7目、10×10目のゲージの3種類。数字が小さいほど目が大きくなります。

松　たとえば、「花こ」のような小さな柄を私たちが使っている麻布に刺すと、縦の長さは約1.1cmですが(＊1)、5×5目なら約1.8cm、7×7目は約1.3cm(＊2)、10×10目は約0.9cmになります。

＊1

＊2

福　大柄にしたい場合は5×5目の抜きキャンバスです。私はダブルガーゼのような柔らかい生地に、5×5目の抜きキャンバスを使って刺しました。運針せずに、クロス・ステッチのように、一針ずつすくっていくやり方。その場合にあまり糸を長くせず、こま

めに糸チェンジをしてください。大きめの刺繍枠を使って刺してもいいかも。

松　運針に慣れてくると、1本どりの柔らかい抜きキャンバスのほうが使いやすいかもしれませんね。今回使っている麻布の寸法に近いものは、1本どりの10×10目の抜きキャンバス。このゲージのものを使えば、布芸展のバッグの柄を刺すときに左右の柄の数がだいたい合うと思います。

福　ただ、麻布と抜きキャンバスでは、たて糸とよこ糸の比率が違うんですよね。

松　そうなんです。本来、津軽伝統の麻布は、たて糸の本数が少し多いので、縦長の菱形模様（p.37＊1）ができるんですが、抜きキャンバスは4辺が同じ長さの菱形（p.37＊2）になります。10×10目の抜きキャンバスがいちばん近い大きさと言いましたが、麻布に刺したものの縦の長さは、10×10目の抜きキャンバスの約1.2倍。縦の長さに関しては誤差は必ず出てくると思うので、あくまでも目安という感じですね。

福　ストールのように広い面積を刺す場合は、抜きキャンバスと生地が遊離しやすいので、しつけ糸を抜きキャンバスの周囲だけじゃなく、10cm間隔くらいの格子状に縫いとめるといいです。抜きキャンバスがかたくて刺しにくい場合は、生地にしつけ糸でとめた後、軽く手でもんで、ついている糊をほぐすといいですよ。抜きキャンバスを生地になじませて柔らかくすると、刺しやすくなります。

松　生地にアイロンをかけて、抜きキャンバスの目と水平垂直をきれいに合わせると刺しやすくなりますので、手間を省かずやってください。

福　細かい目の生地に、こぎん針で刺していく場合、針が太いですからね、やっぱり通りにくいんです。その場合は、こまめに手芸用の糸ワックスを針に塗って、すべりをよくするといいですよ。

松　さらに抜きキャンバスの便利なところは、「ゆるみの山」を作る作業（p.18の手順6、7参照）がいらないこと。なぜなら、糸を抜くことで、自然に「ゆるみ」ができてしまうからなんです。

福　そう、ごく普通に模様を刺していけばいいので、そこが便利です。引きつれるくらいきつきつっていうのはだめですが、わりときっちり刺していくくらいで、抜きキャンバスの糸を抜いたときにちょうどいいゆるみになりますね。「糸こき」（p.18の手順7参照）自体は、生地に刺し糸がなじむのでやったほうがいい。だけど頻繁じゃなくていいんです。3～5段まとめて刺したら軽く糸こきをする、くらいのゆるい感じで大丈夫です。

## ❖中心からこぎんを刺し始める理由

松　16ページの刺し方を初めて見て、戸惑う初心者のかたもきっと多いですよね。

福　こぎん刺しは、「まず中心を割り出して、そこから上下に刺していく」というやり方。なぜ端から順に刺しちゃだめなの？と思いますよね。「中心」ということにとらわれて億劫になって、結局刺さない、というくらいなら、基本はちょっと脇において。図案を見ながら、柄の端から1目、3目と拾って刺していっても問題ないと思います。私も初めは、中心からじゃなくて、端から刺してみました。

松　とにかく、柄を一つ完成させること、ですね。

福　小さなもどこ一つでも、仕上がると感激するよね。

松　小さい範囲やワンポイント模様からトライしてみるといいですよね。それで、なんとなく、こぎん刺しのこつがわかりますから。

福　逆説的ですが、一度刺してみると、「まず中心を割り出して、そこから上下に刺していく」というやり方が、実は効率がいいということが体感できます。

松　まず、中心が絶対ずれない。それに、もどこの上半分と下半分の図柄は、鏡のように反転している関係です。もどこの上半分を刺したら、実はもう、図案をいちいち見なくても大丈夫になるんです。刺した上半分の模様を見ながら、下半分を刺せるから。

福　そうなんです。こぎん刺しは、ずっと図案と首っ引きで刺す刺繍ではないんですよ。この本を見て、図案の範囲が少ないと思われたかたもいるかもしれませんが、実は広い範囲の連続柄でも、慣れれば、柄を一つか二つ並べた図案があれば大丈夫。

松　プロの刺し手さんの使う図案なんか、図柄の1/2しかないですものね（＊3）。

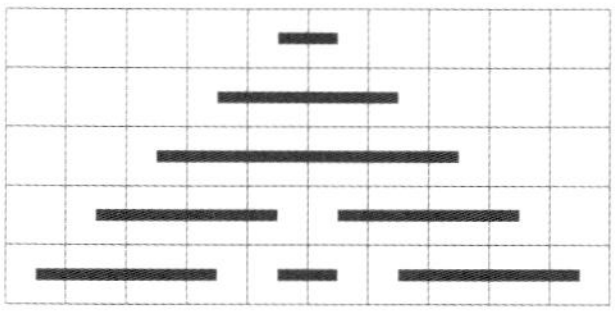

＊3

福　そう、こぎんの図柄って基本的にどれも菱形なのですが、この菱形の上半分しか図にしてないんです。

松　究極にはそれで刺せてしまいます。

福「まず中心を割り出して、そこから上に刺し、上半分が刺し終わったら、下半分を刺す」と、基本のページにありますが、初めてのかたは、飽きがこないように、適当に上下を均等に刺していってもいいと思うの。上半分を2cm進めたら、今度は下半分を2cm進めるとかね。

松　そうですね。最初は、実はどれだけ根気が続くかというのは、やってみないとわからないですよね。

福　たとえば、こぎんの総刺しのバッグを作るつもりで始めても、途中でやめたい、となった場合、中心から上下が均等に仕上がっていたら、そこでやめられますから。底刺しのバッグにしちゃえばいいんです。

松　ストールなんかもそうです。30cm幅を目標でやっていても、均等に刺していれば、25cm幅になったところで、やめてもいいんですもの。だけど作品は完成するわけです。

福　あるいは逆に増やすこともできます。本のデザインだと、刺し幅が5cmだけど、〝私は7cm幅まで刺そう〟、というような修正もききますしね。

松　最後に、例外的ですが、横に長〜く刺す場合などは、初心者に限らず、端から順に刺すといいと思います。

福　そうですね。たとえば、この本なら、26ページのラップスカートの裾当て部分は、中心から刺していません。裾側の端から始めて、上に向かって刺しています。これだけ細長くなると中心を出す意味があまりないですね。

松　まずは、自分のやりやすいように、トライしてみてください。

## ❖藍染めのこと

福　布芸展では、生成りの麻布を使っているんですが、「藍染めの麻布に白い木綿糸」という組合せはこぎん刺しの基本なので、この本には藍染めの生地を使ったアイディアも加えました。

松　13ページのトートバッグと32ページのシャツ、それから35ページの藍染め麻リボンはモリカゲシャツキョウトのエコプロジェクト「ebebe」(※)で染め替えてもらいました。

福　リボンや生地などの素材は、地元にある和服の染替えをやっているお店に問い合わせてみたり、あとは自分で藍染めする方法もありますよね。市販の藍染めキットを使えば、自宅で藍染めができます。

(※) 修理、リメイク、染替えなどの方法で使い続けていくことを提案している。藍染めの染替えは麻や綿の洋服、バッグなどに限る。詳しくはwww.ebebe.jp/

## ❖古典のデザイン、布芸展のデザイン

松「こぎん刺し」と一言で言っても、地方によって種類もさまざまですよね。

福　青森県の弘前近隣には、「西こぎん」「東こぎん」「三縞こぎん」の三つ。南部地方には「菱刺し」と呼ばれる刺し子があります。「西こぎん」は肩の部分に横縞が刺され、糸も細めで繊細なのが特徴。「東こぎん」は太めの糸で連続柄を刺したものが多いですね。「三縞こぎん」は名前のとおり肩から下にかけて3本の太い縞が刺してあります。

松　南部の「菱刺し」は、横長の菱形のもどこで、刺繍糸も鮮やかな色を使っていて、カラフル。こぎん刺しの生まれた背景や歴史をたどっていくと、必ず突き当たるのが民藝運動です。ここで「こぎんは美しい」と再発見されなかったら、今では廃れていたでしょう。布芸展は「布の民藝」をテーマに活動しているので、民藝的な視点は外せません。

福　民藝の美の基準は〝用の美〟。だから、こぎん刺しでバッグを作ろうと思ったとき、いちばん初めに決めたのは、デザインのためのデザインをしない、ということ。〝絢爛の美〟になってはいけない。布芸展で作っている基本のバッグも、いわゆる「平袋」という形です。これはバッグの基本中の基本の形。1枚の布があったら、簡単に作れて、世界中で見かける形だけど、普遍的で強い、美しい形。これもまたアノニマスデザインの傑作じゃないかと。

松　装飾目的の刺繍にはあまり見られないこぎんの「模様の反転」という、織物のような特徴もおもしろい。

福　平袋の次に私たちがこだわったのが、なんとかこの模様の反転を生かせないかということ。普通、手の込んだ刺繍になればなるほど、芝居の舞台裏がハリボテの空洞やつっかい棒が丸見えなのと同じように、裏は裏然としているものなんですけど、こぎんは違うんですよね。裏も美しい。

松　この美しい裏模様がもったいない！　もともとこぎん刺しの着物には裏地がついていなかったこともあって、平袋もリバーシブルで表裏両面が使えるように裏地を張らない作りにしました。

福　針や釘は、もはやデザイン物に見えない、というあの究極のアノニマスレベルに少しでも近づくのが理想です。

松　糸が切れたら、ぜひ自分で上から刺してほしい、違う色の糸でもいいし、ラメ糸でもいい。それが個性になっていく、という考え方なんです。それで、使い倒しているうちに麻地はくたくたになって、自分だけの模様になってきます。

福　そうなって、やっとその人だけの持ち物になったという気がします。実際の古いこぎん刺しの使われ方はそうなんですよね。使っているうちに出てきたほころびには、また上から重ねて刺繍するというのもこぎん刺しの特徴です。

## こぎん刺しの図案

ここで紹介する図案は、実際の生地と同様に、縦の線1本を1目と数えています。こぎん刺しは、1、3、5、7……と、奇数目を拾っていきますが、柄によっては、全体のバランスをとるために、部分的に偶数目になるところもあります。特に、「竹の節」はこぎん刺しのもどこの中でも特殊な法則を持っており、すべて2目で刺します。これは刺始め、刺終りの「止めのもどこ」として使用されるためです。

基本のもどこ p.6

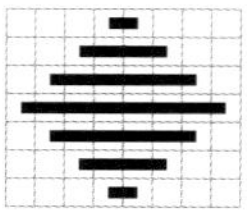

① かちゃらず

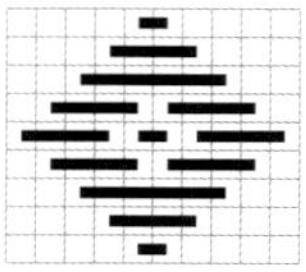

② 花こ

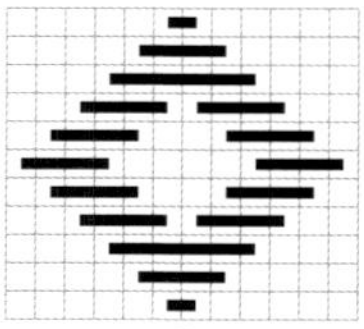

③ 豆こ

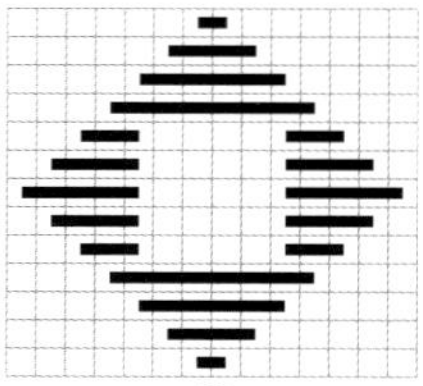

④ 石畳

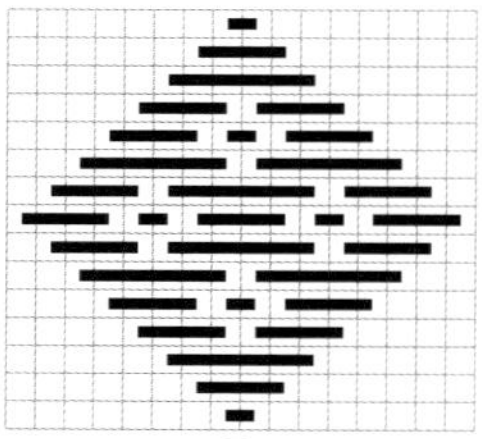

⑤ 結び花

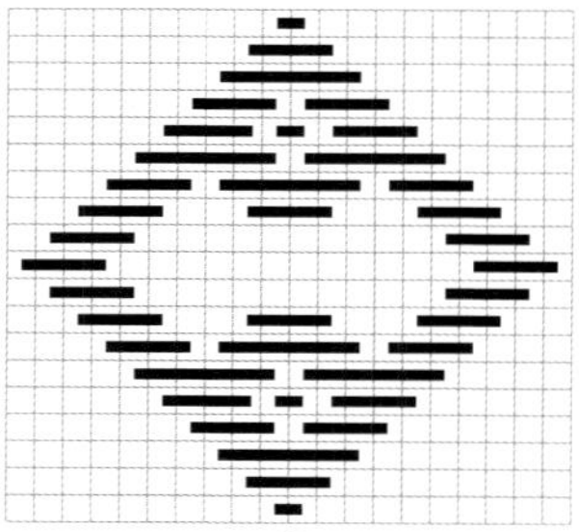

⑥ 島田刺し

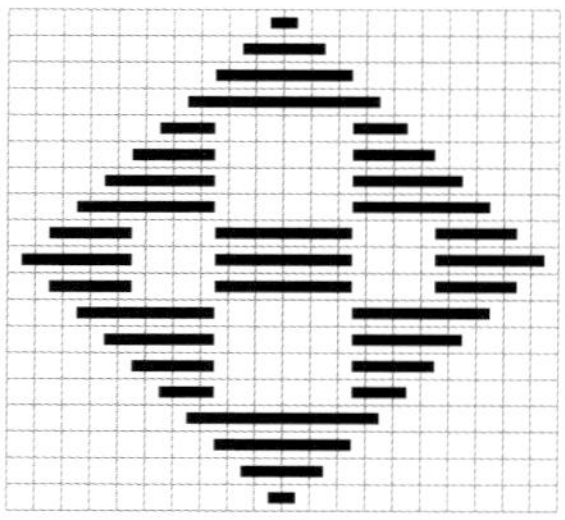

⑦ うろこ

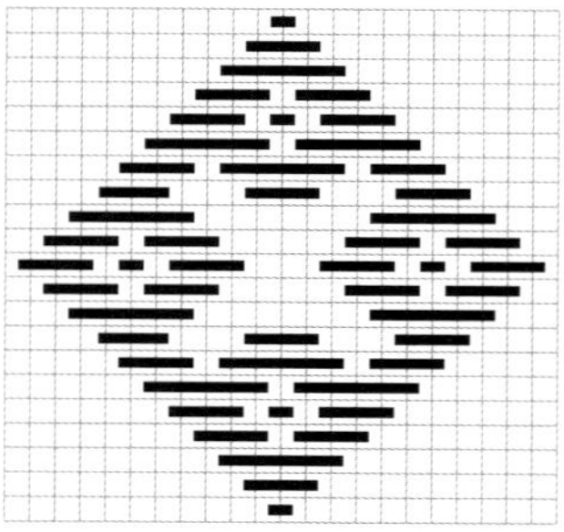

⑧ 小枕刺し

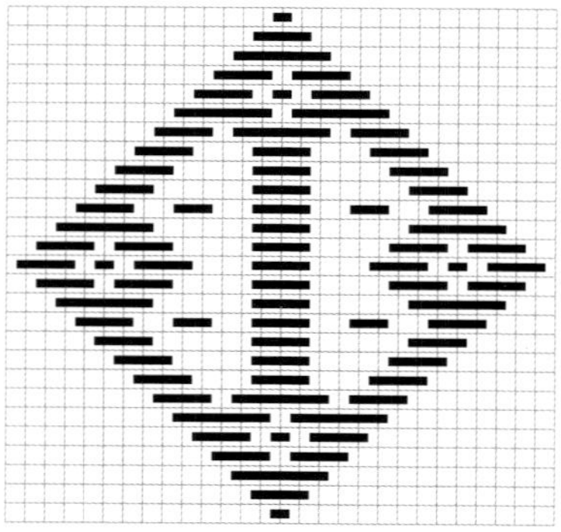

⑨ ふくべ

⑩ 猫のまなぐ

⑪
猫の足跡

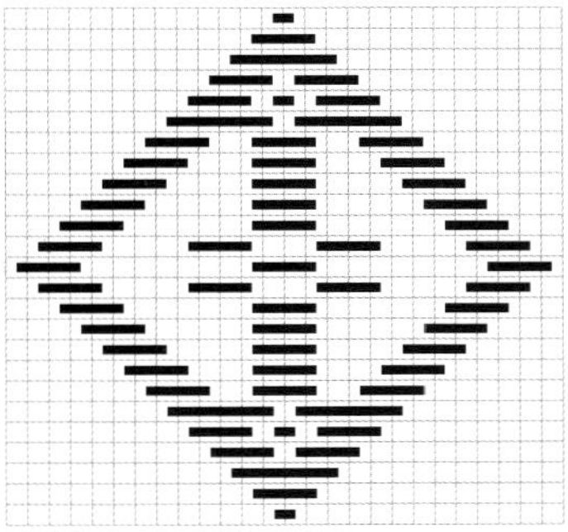

⑫
だんぶりこ

⑬
やすこ刺し

⑭
てこなこ

⑮
四つこごり

⑯
くるびから

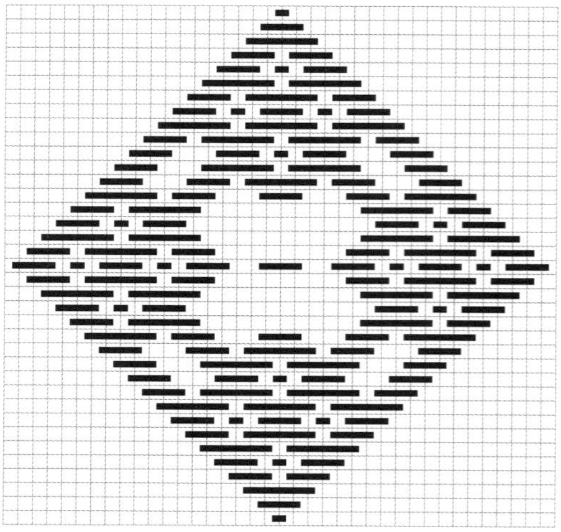

⑰
べこ刺し

⑱
馬の轡

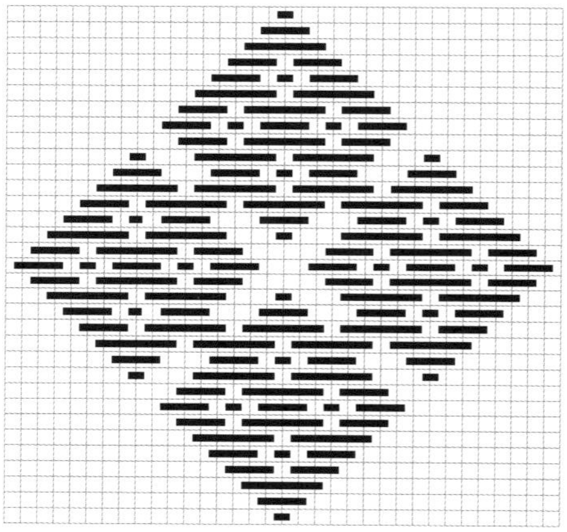

⑲
花つなぎ

＊⑱ 馬の轡と ⑲ 花つなぎは、「花こ」をつないでいる部分の目数を増減すれば、
もどこ自体を大きくしたり、小さくしたりできます。p.54のストールの図案は、
つなぎ部分を5目に増やしています。

⑳ 鍬の刃

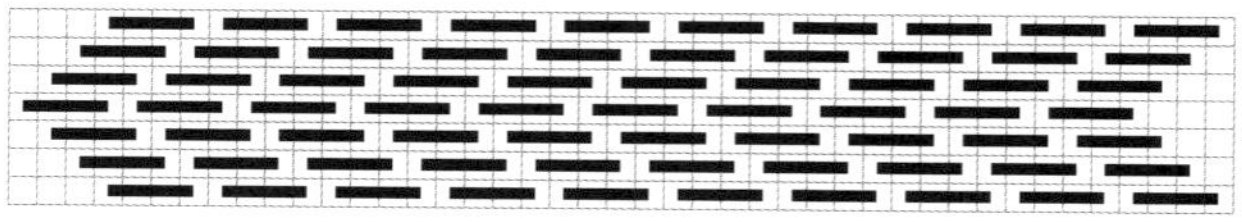

㉑ 市松 ＊ひじ当てのセーターの抜きキャンバスは、5×5目使用

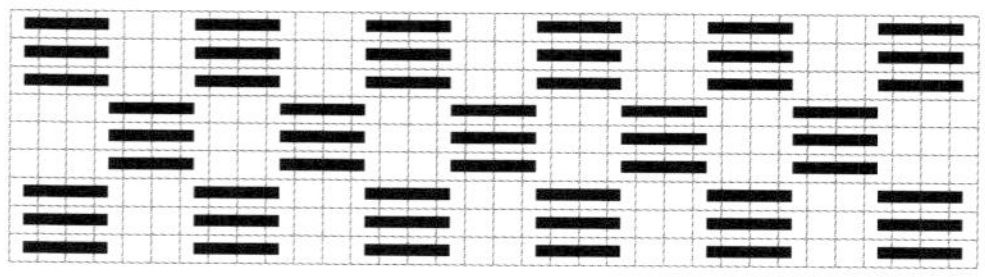

㉒ 豆この連続

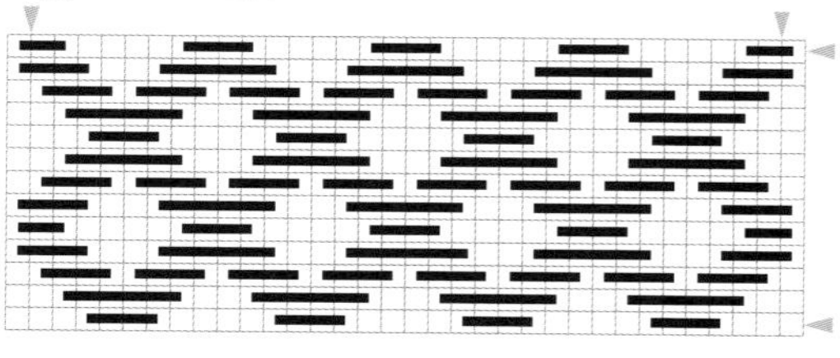

㉓ 竹の節 ＊シャツの袖口当ての抜きキャンバスは、5×5目使用

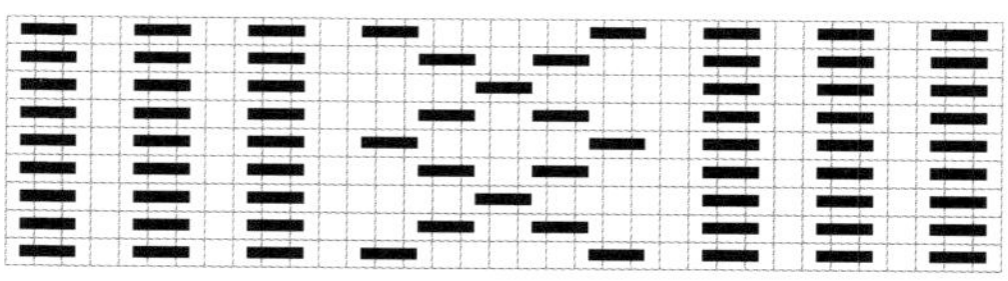

▼＝中心。この印のあるところであれば、どこからでも刺し始められます。

## 連続刺しの図案

連続刺しは、上下左右にどんどん広げられるよう、柄の中心から刺していきます。この図案では上下左右が刺止りではありません。柄をもっと広げたいときは、図案のコピーをとり、▼印どうしを合わせてください。1目、糊代のように余白をとっていますので、余白部分をカットするときれいに合います。

総刺しのちいさいバッグ　カバー写真、底刺しのちいさいバッグ　p.1とp.19、底刺しの一本手バッグ　p.9

㉔うろこ形の花つなぎ流れ

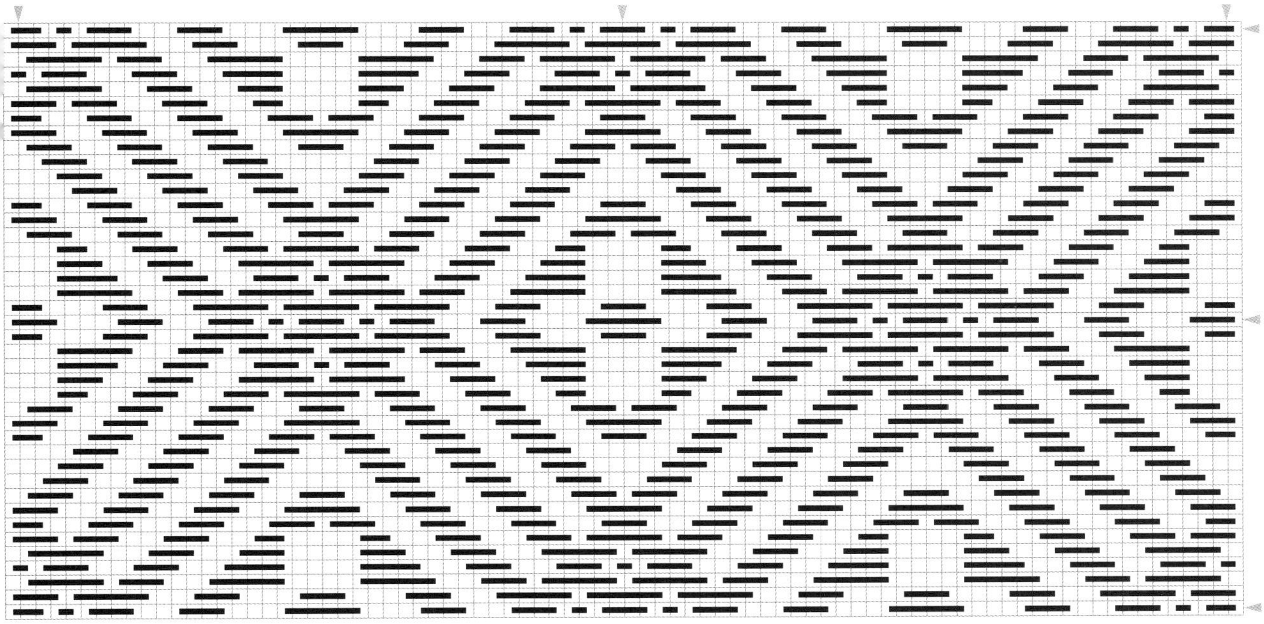

トートバッグの外ポケット　p.13

㉕裏うろこ形の花つなぎ流れ

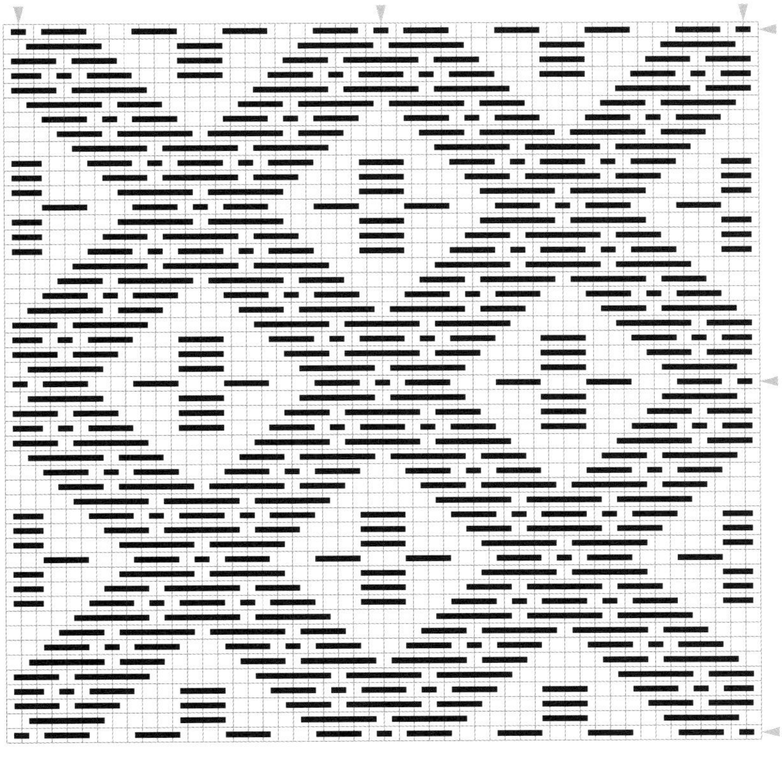

バッグの肩ひも　p.33

㉖豆この連続3目あき

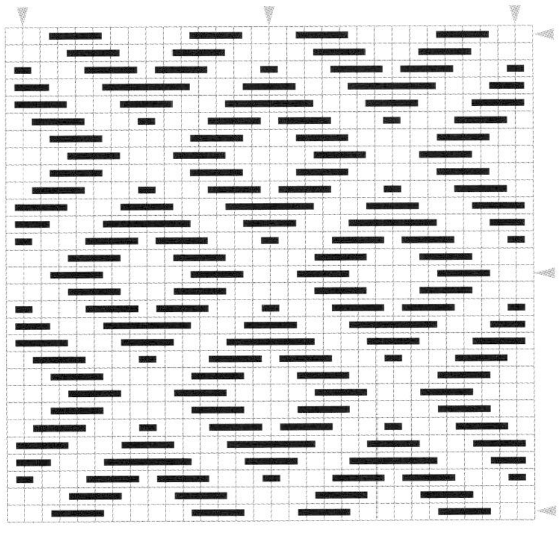

総刺しのA4バッグ　p.8

## ㉗とまらずの島田刺し流れ

▼＝中心。この印のあるところであれば、どこからでも刺し始められます。

総刺しのちいさいバッグ　p.8

㉘ 畳目の糸流れ

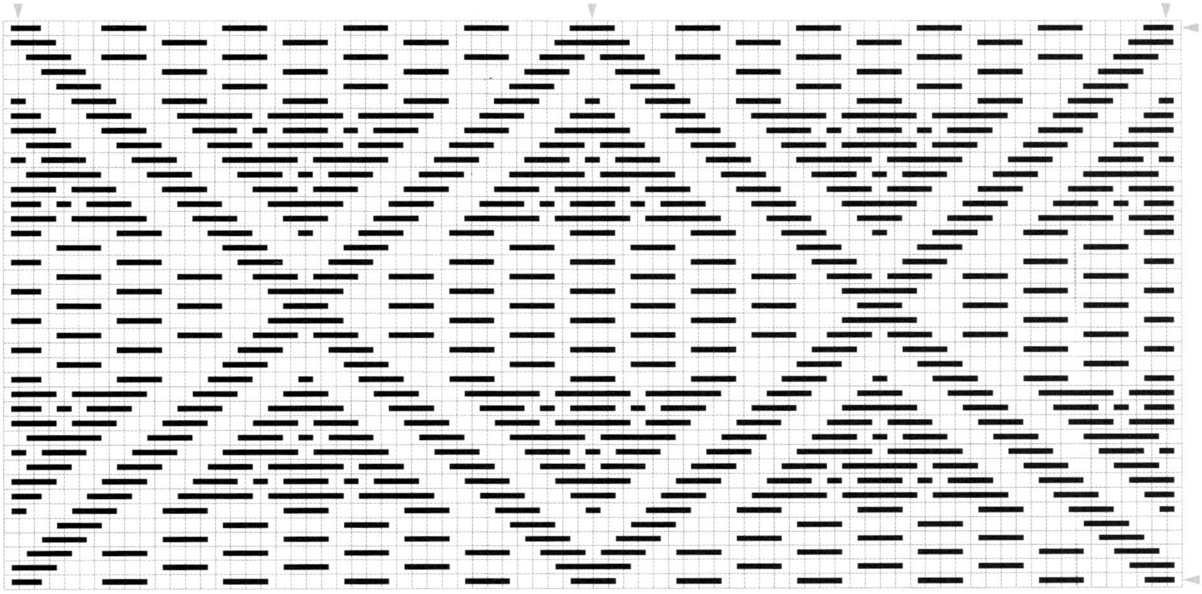

あけびかごの目隠しきんちゃく　p.11

㉙ 豆ことかちゃらずの糸つなぎ

## 連続刺しの図案いろいろ

連続柄を完成させたら、こぎん刺しがもっと楽しくなってきます。ほかの柄や、難易度の高い柄に挑戦したくなったかたのために、連続柄のバリエーションをいくつかピックアップしました。

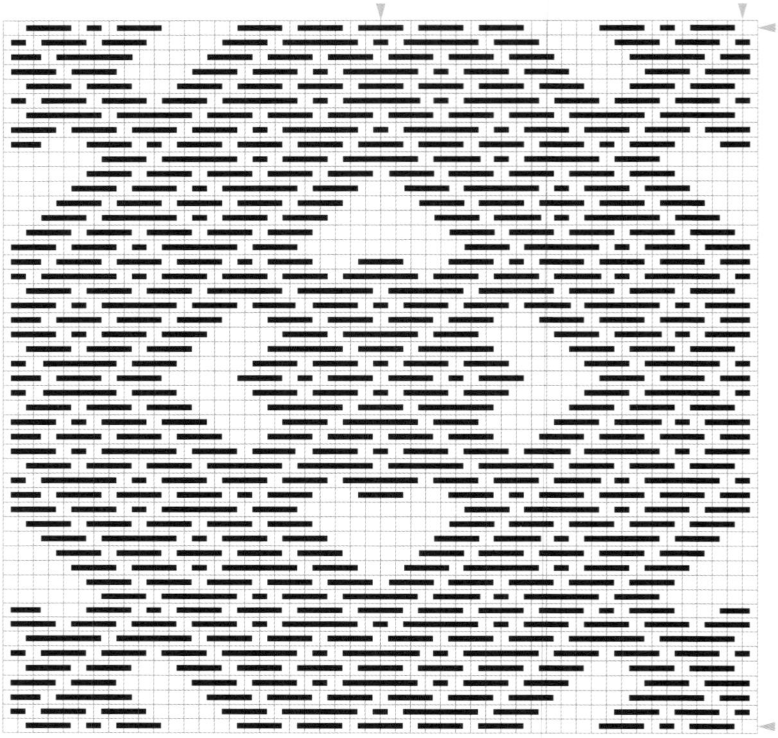

寄り花このかちゃらず入り豆こ流れ

犬このつらこの糸流れ（この柄は弘前こぎん研究所考案）

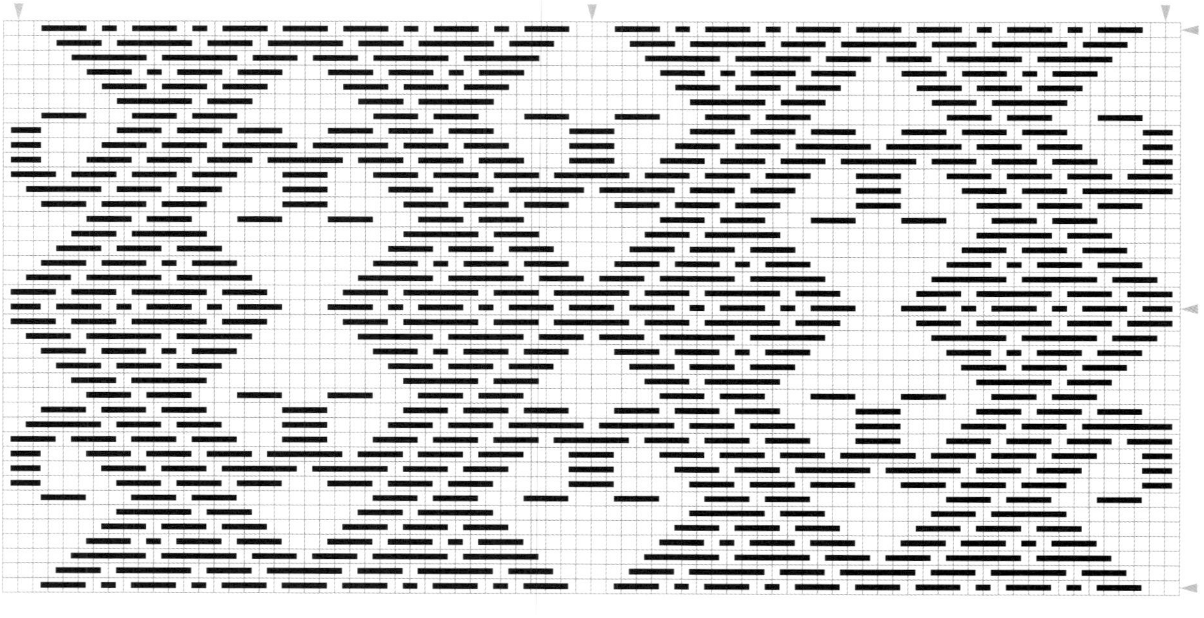



▼＝中心。この印のあるところであれば、どこからでも刺し始められます。

井桁の糸流れ

## 単体の図案

上下左右に広がる連続刺しのほかに、もどこをいくつか組み合わせて、一つの大きな単体の柄を作ることもできます。「流れ」や「囲み」は、斜めに広げていく刺し方で、もどこに対してフレームのような役割をしています。

まちなしきんちゃく
p.10

㉚ べこ刺しの花囲みとかちゃらず入り豆こ囲み

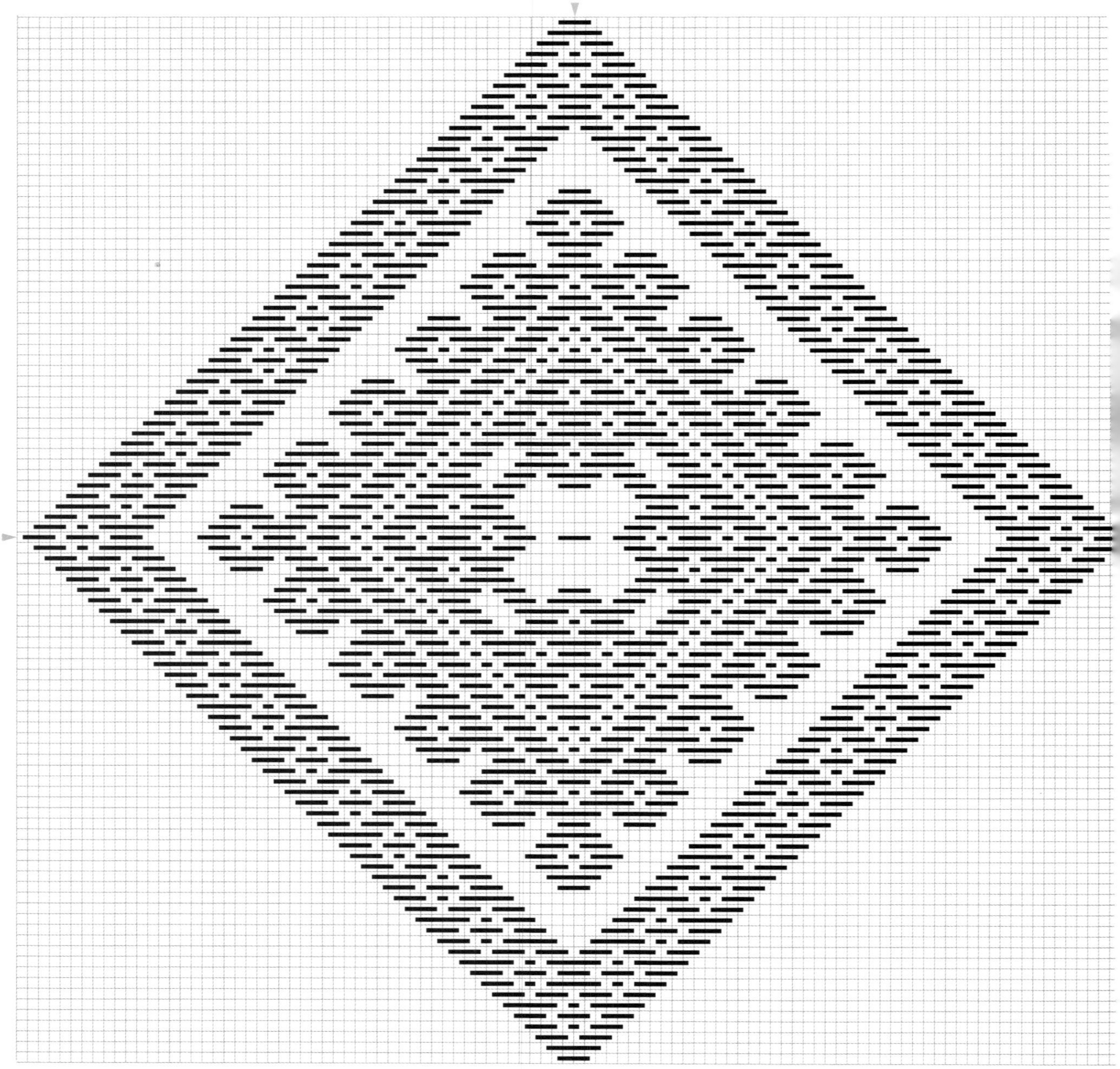

▼＝中心。この印のあるところであれば、どこからでも刺し始められます。

まちつききんちゃく
p.10

㉛ うろこ形の糸囲みと
花つなぎのかちゃらず入り
豆こ囲み

## 単体の図案いろいろ

ここで紹介する図案はどちらも同じ大きさです。「囲み」の中に好きなもどこを入れて完成させる単体柄は、初心者にも作りやすく、見栄えのする柄です。

四つピーマンの糸囲み（この柄は弘前こぎん研究所考案）

▼＝中心。この印のあるところであれば、どこからでも刺し始められます。

井桁の糸囲み

# こぎん刺しの図案を起こす

手もとに図案がなくても、奇数目を拾っていくことで柄を起こすことができます。ここでは「5年使ったちいさいバッグ」と「古い筒袖の野良着」の図案を、実物を見ながら描き起こしました。

5年使ったちいさいバッグ　p.14

㉜ てこなこの豆こ流れ

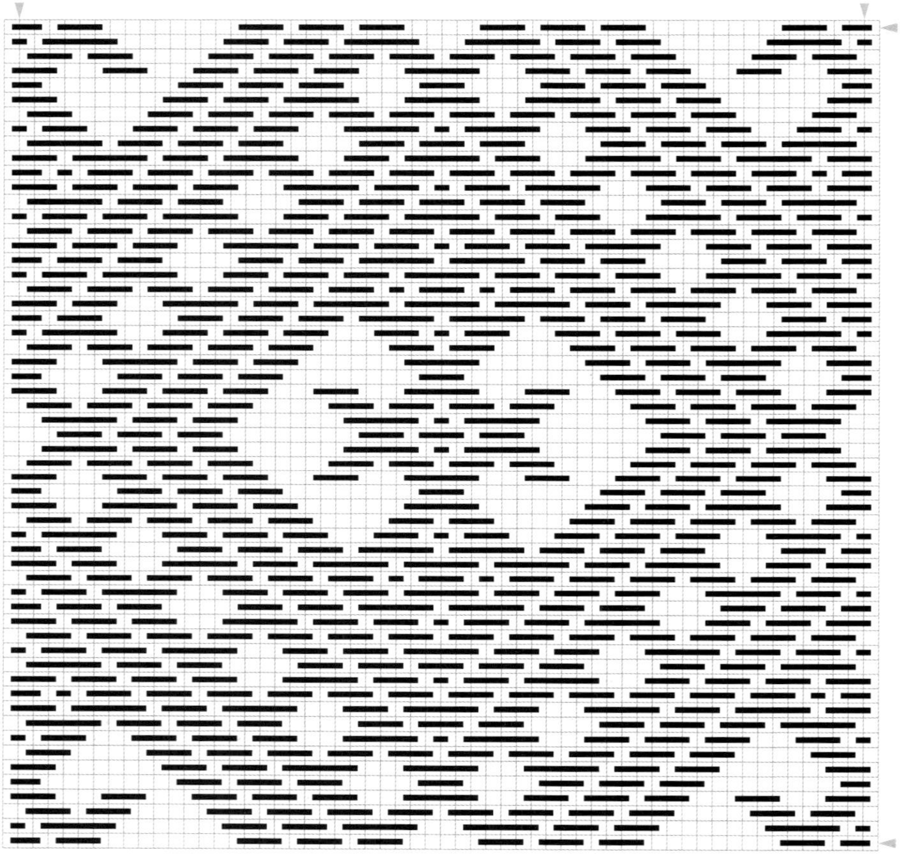

▼＝中心。この印のあるところであれば、どこからでも刺し始められます。

古い筒袖の野良着　p.22

㉝ 馬の轡の糸囲み

## 抜きキャンバスを使ったこぎん刺しの図案

もどこの連続柄も、目のあきを調節することで雰囲気が変わります。1目あきは緻密な印象、3目あきはのびのびとした大胆な印象に。花つなぎもここでは5目あけています。刺す素材によって目のあきを変えてみてください。

背当てのストール　p.24

㉞ 花つなぎの連続

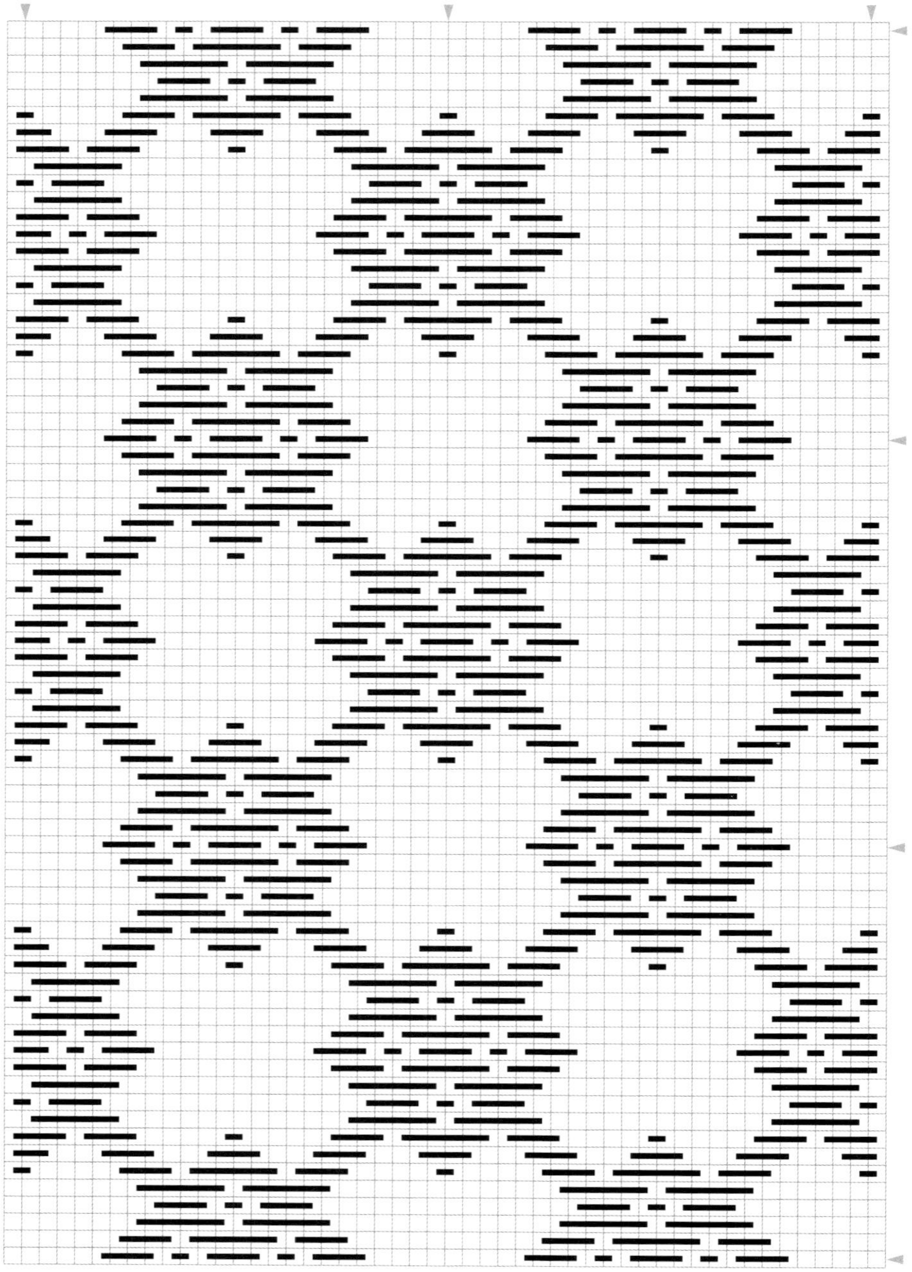

▼＝中心。この印のあるところであれば、どこからでも刺し始められます。

首当てのストール　p.25

㉟ てこなこの連続3目あき

カードケース　p.30

㊱ りんごっこ

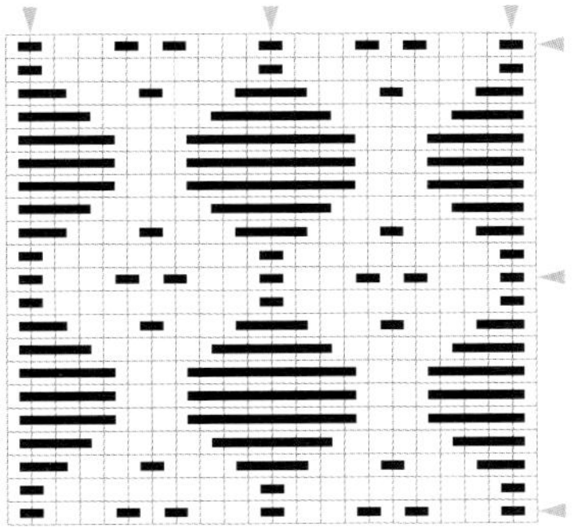

㊲ ぶなこばこ

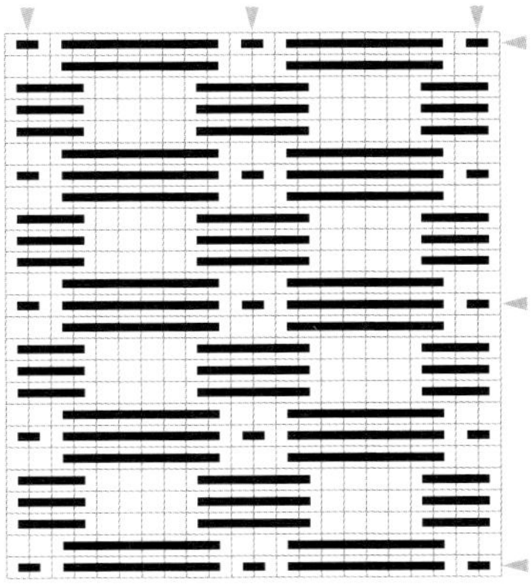

## ひざ当てのジーンズ　p.23

### ㊳だんぶりこの連続

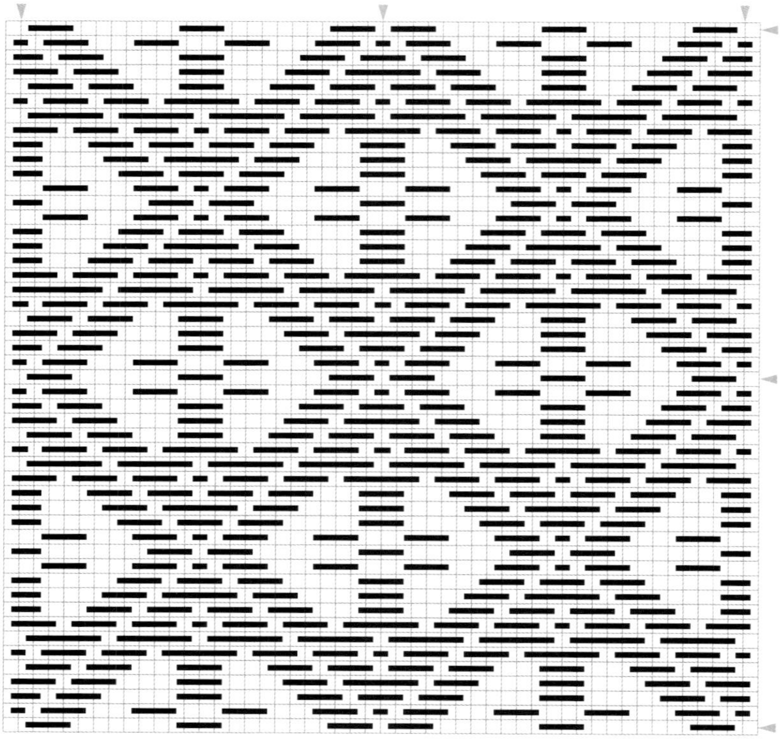

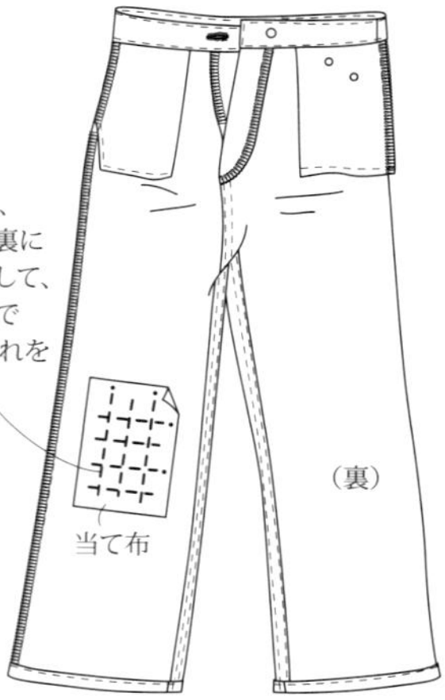

ほつれが多い場合、
破れている部分の裏に
濃い色の当て布をして、
目立たない色の糸で
ぐし縫いをし、ほつれを
おさえておく

ジーンズを表に返して
抜きキャンバス（1cm四方7×7目）を
こぎんを刺す範囲よりも二回りほど大きくカットし、
しつけでとめる

## 靴下のかかと当て　p.33

### ㊵石畳の連続

＊抜きキャンバスは、5×5目使用

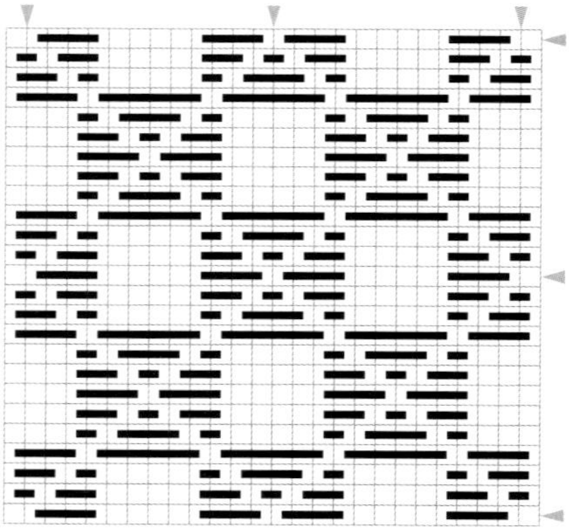

## パンツのロールアップテープ　p.33
## シャツとブラウスの補強リボン　p.35

＊共に抜きキャンバスは、5×5目使用

### ㊴鍬の刃の9目あき

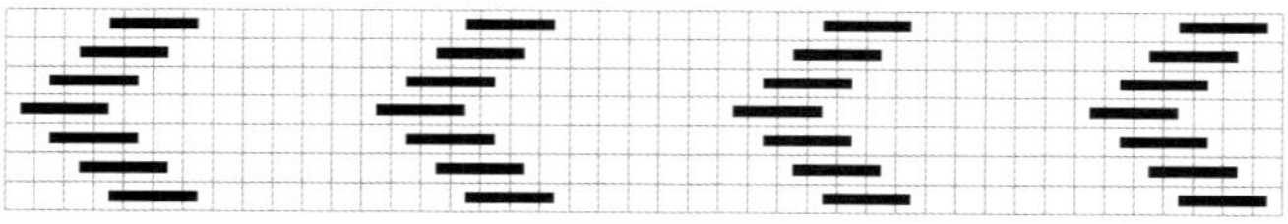

## 裾当てのラップスカート　p.26

### ㊶花この裏模様の連続3目あき

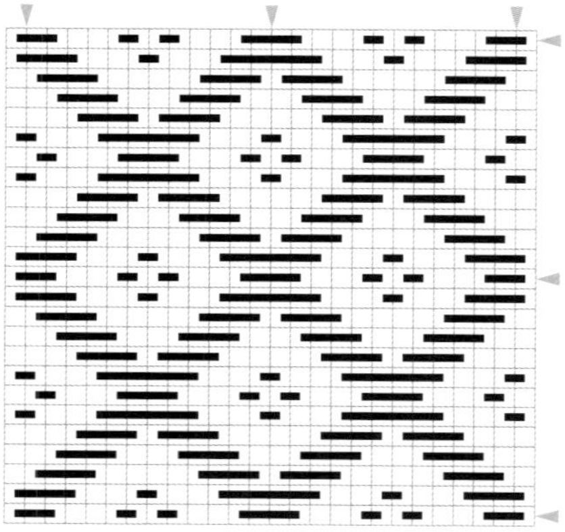

## パンツのおしり当て　p.28

### ㊷花この連続3目あき

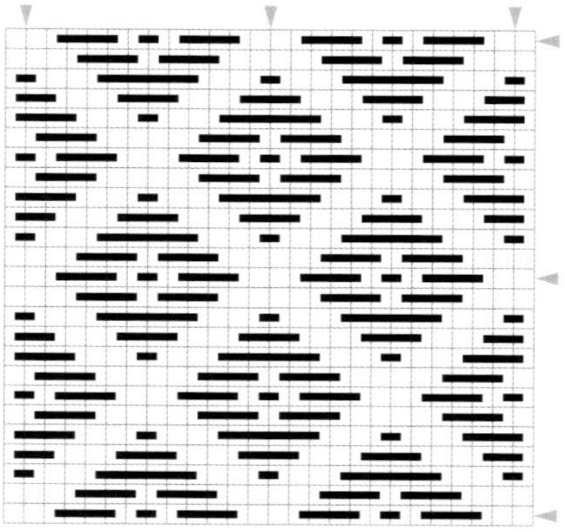


▼＝中心。この印のあるところであれば、どこからでも刺し始められます。

ブラウスの肩当て　p.29

㊸ 猫のまなぐつなぎ　＊抜きキャンバスは、7×7目使用

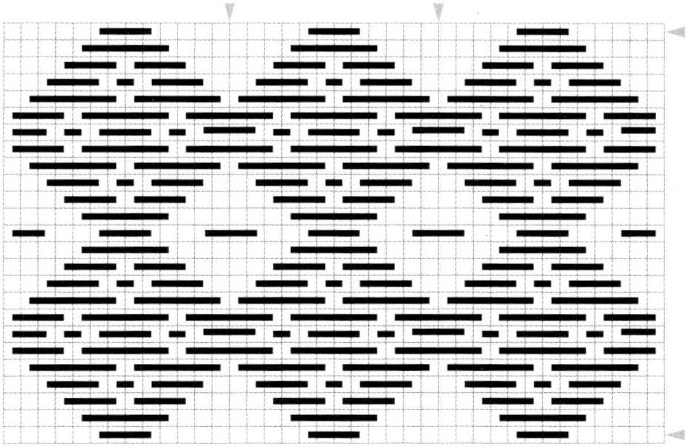

エプロンの胸ポケット　p.32

㊹ 猫の足跡の糸流れ

## ボタンの図案

こぎん刺しに慣れるには、小さくて簡単な模様を連続で刺すのが効果的。ボタンは、まさにぴったりのアイテムです。カラフルな糸をつかって楽しいボタンに仕上げてください。

くるみボタン　p.31

㊺花この連続

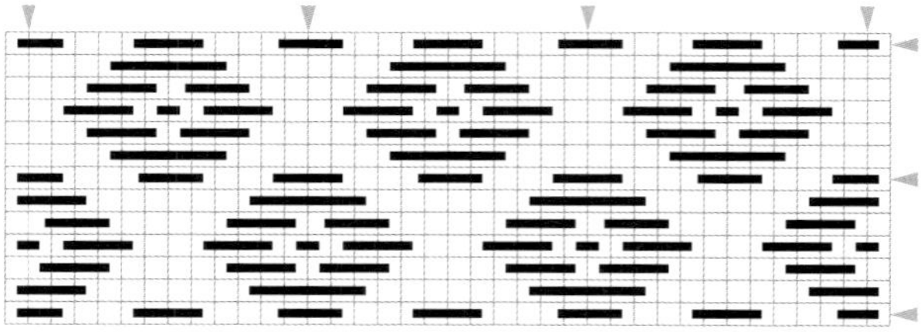

㊻石畳合せ

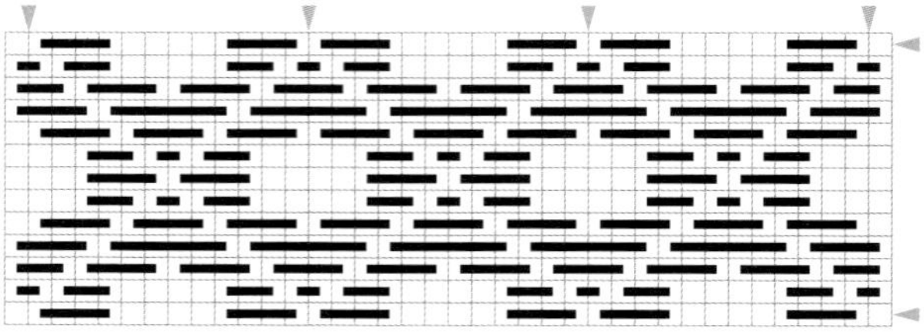

㊼豆この連続かちゃらず入り

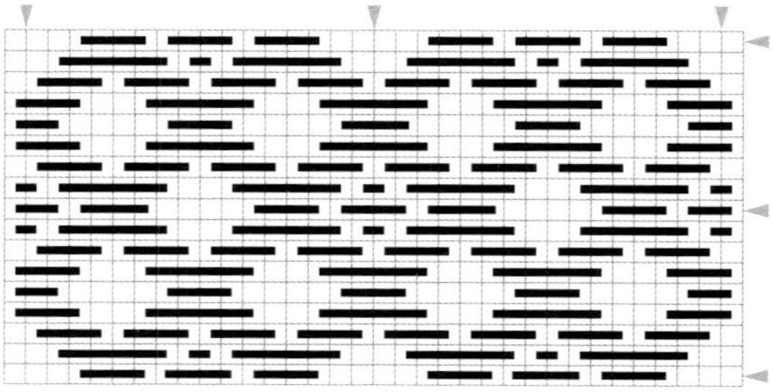

㊽うろこ形合せ

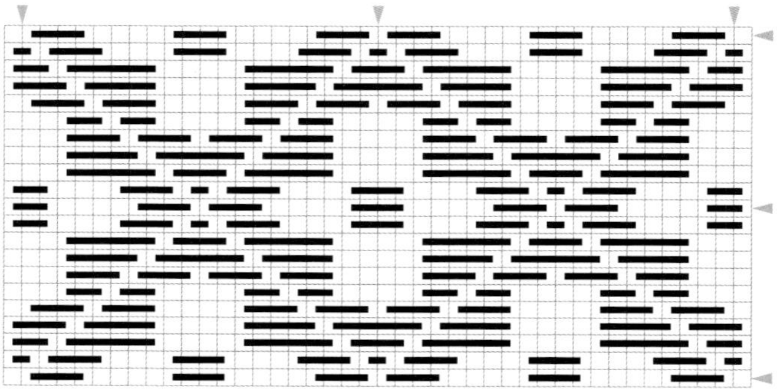

㊾小枕刺し合せ

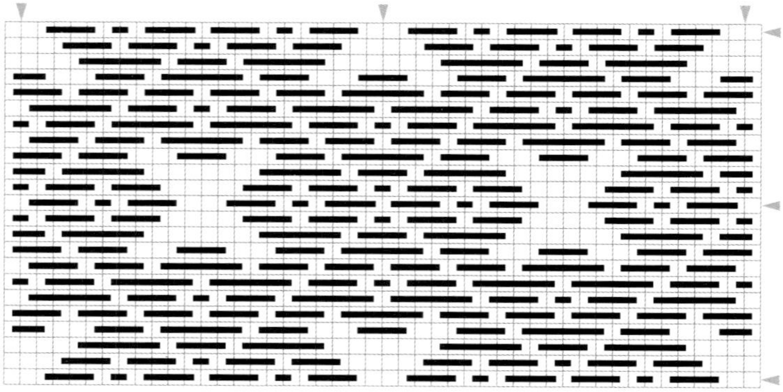

## くるみボタン

作り方のこつ：
市販のくるみボタンキットを使い、ボタンのサイズよりも少し大きくなるようにこぎんを刺す。刺した布をキットの寸法図どおりに丸くカットし、キットの説明図どおりに作る。
＊麻布（1cm四方約10×8目）に直接刺しています。

▼＝中心。この印のあるところであれば、どこからでも刺し始められます。

# 総刺しのA4バッグとちいさいバッグ p.8
# 底刺しのちいさいバッグ p.19

材料：
麻布（1cm四方約10×8目）
A4バッグは60×70cm、ちいさいバッグは50×50cm
こぎん用糸（こぎん糸・薄ピンク）　各適宜

でき上り寸法：
A4バッグは幅25×高さ33cm
ちいさいバッグは幅18×高さ21cm

製図

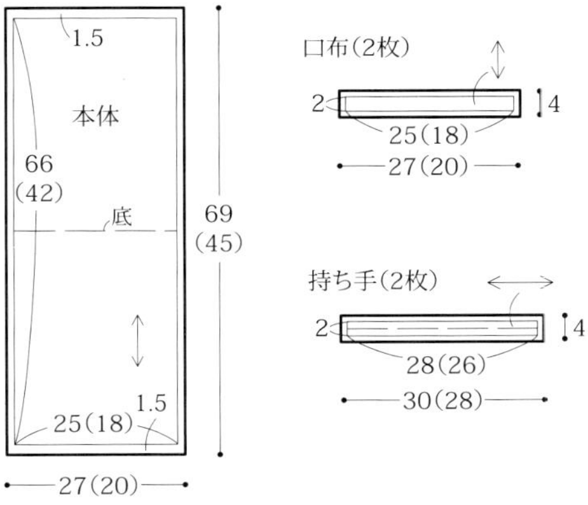


＊指定以外の縫い代は1cm
＊(　)数字はちいさいバッグ

こぎん刺しの位置

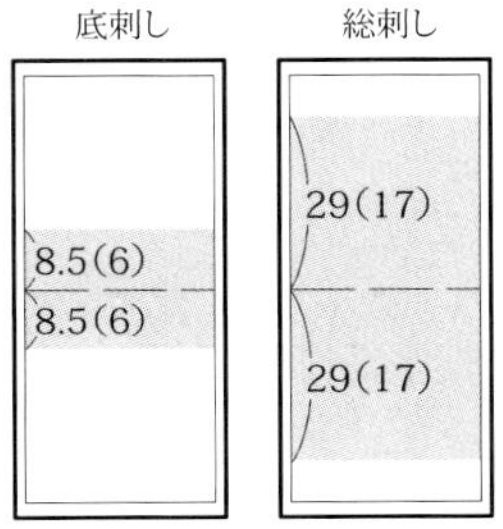


＊(　)数字はちいさいバッグ
＊ 　 はこぎん刺しの範囲
＊範囲は目安です。使う布の織り糸により図案の大きさが変わるので、この範囲を目安に自由に刺します
＊縫い代に少しかかるぐらいまで刺します

## 1 各部をでき上りに折る

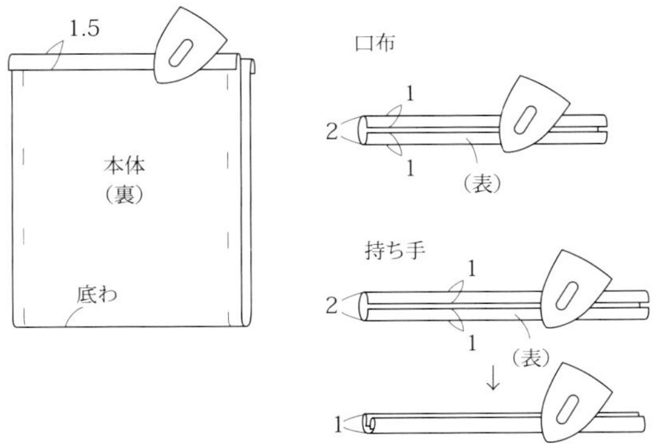


## 2 持ち手を作る

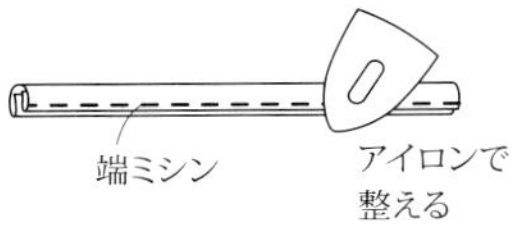


＊2本作る

## 3 持ち手と口布を本体につける

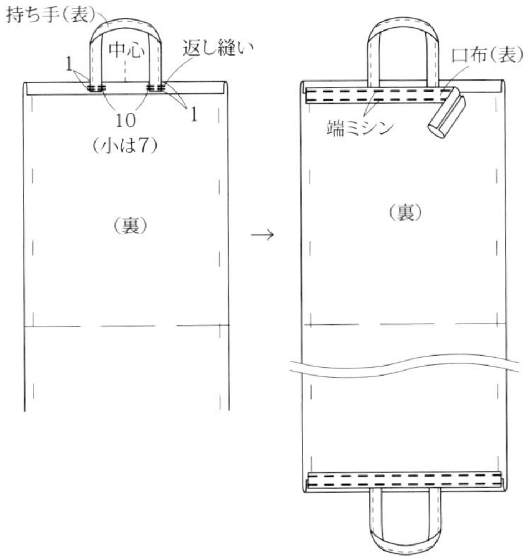


## 4 脇を縫う

でき上り

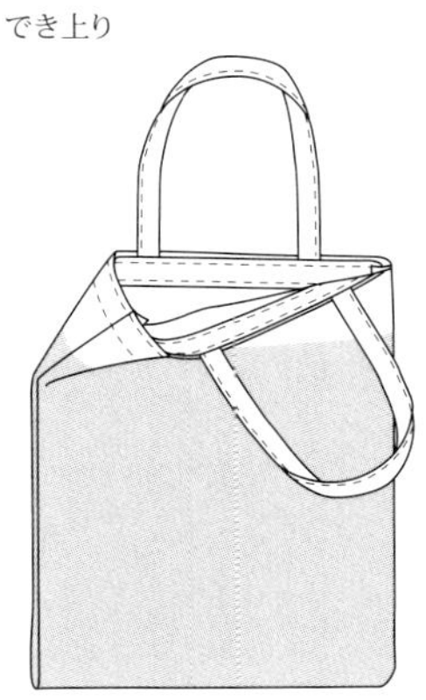

# 底刺しの一本手バッグ p.9

材料：

麻布（1cm四方約10×8目）　60×70cm

こぎん用糸（こぎん糸・白）　適宜

でき上り寸法：

幅36×高さ30cm

製図

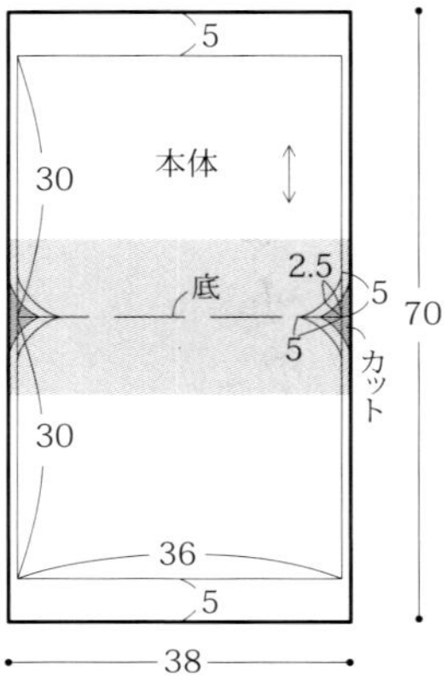


持ち手

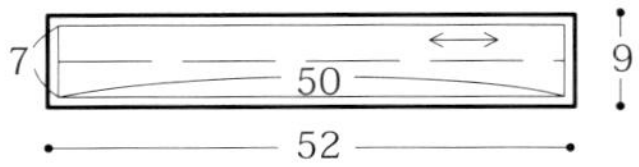


＊指定以外の縫い代は1cm

＊　　はこぎん刺しの範囲

こぎん刺しの位置

底刺し

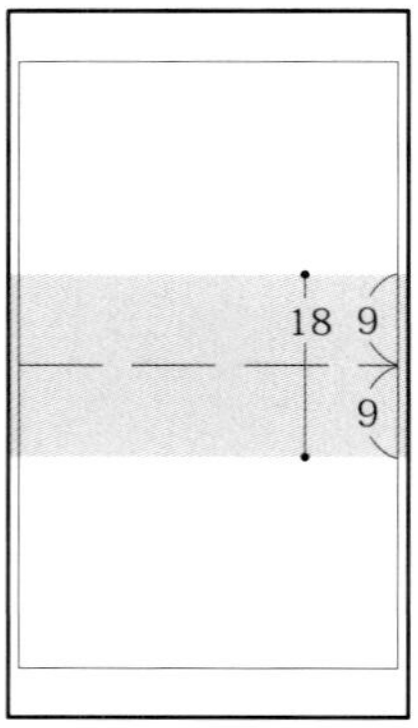


＊　　はこぎん刺しの範囲

＊範囲は目安です。使う布の織り糸により図案の大きさが変わるので、この範囲を目安に自由に刺します

＊縫い代に少しかかるぐらいまで刺します

## 1 底を丸くカットする

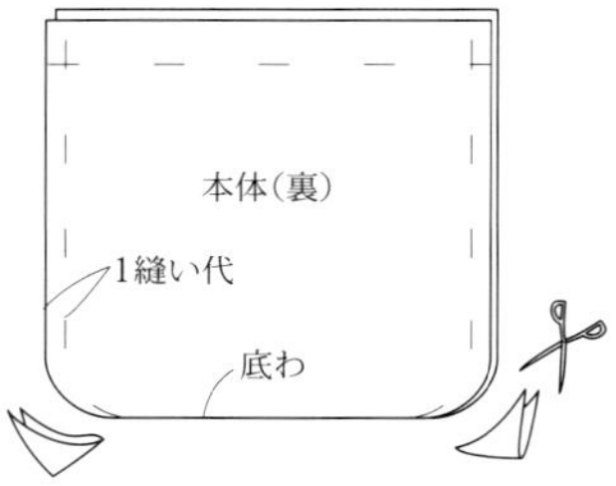


## 2 脇を縫う

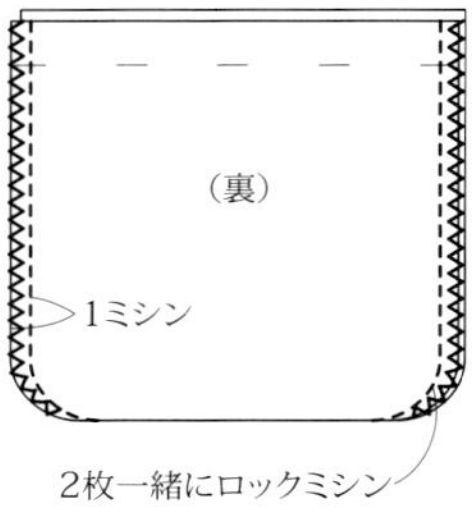


## 3 袋口を三つ折りにして縫う

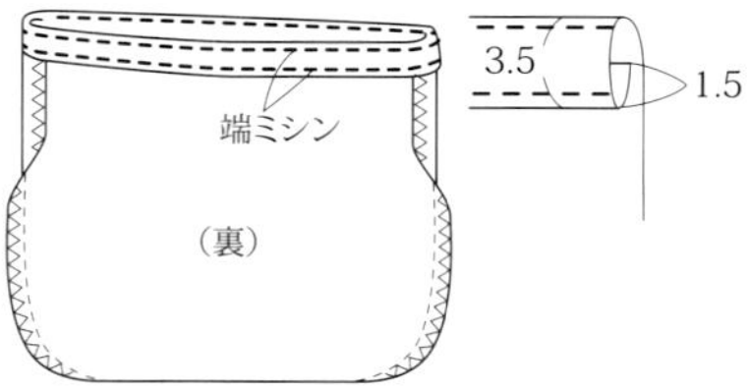


## 4 持ち手を作る

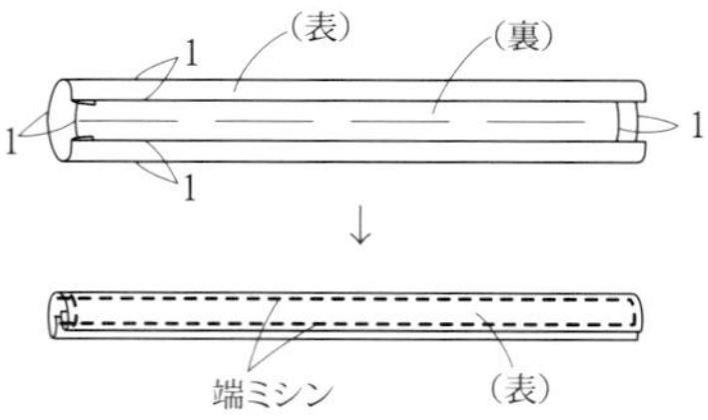


## 5 両脇の内側に持ち手を縫いつける

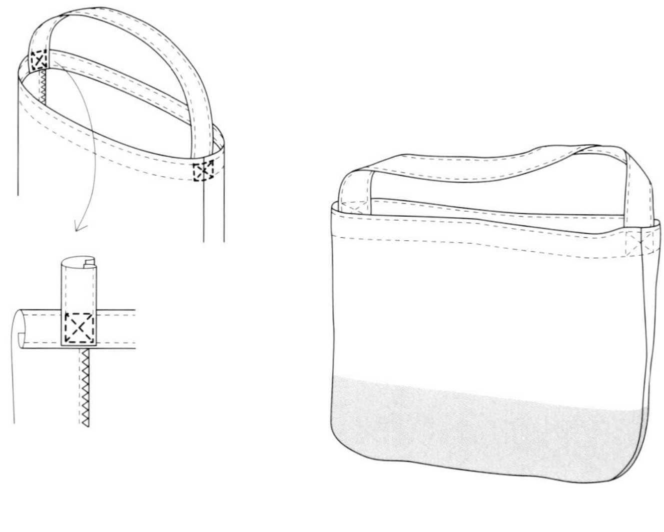

## まちなしきんちゃくと まちつききんちゃく p.10

材料：
麻布（1cm四方約10×8目）　まちなしは20×50cm、まちつきは20×60cm
こぎん用糸（こぎん糸・深緑、白）　各適宜
革ひも（まちなし用）　直径0.2cmを1.2m
麻ひも（まちつき用）　直径0.4cmを1.2m

でき上り寸法：
まちなし、まちつきとも幅18×高さ21cm、まち3.4cm

### 製図・こぎん刺しの位置

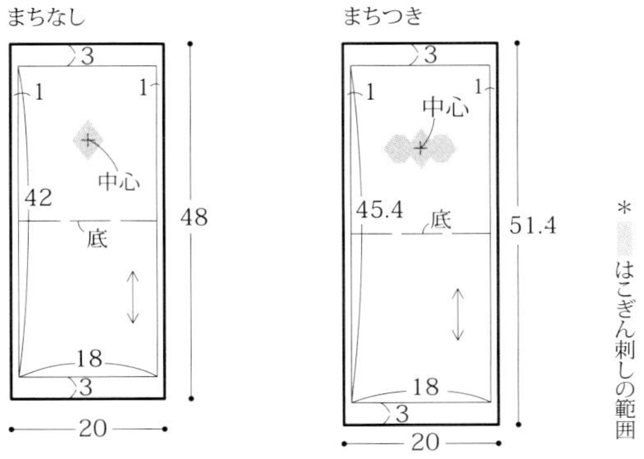


### 1 脇を縫う

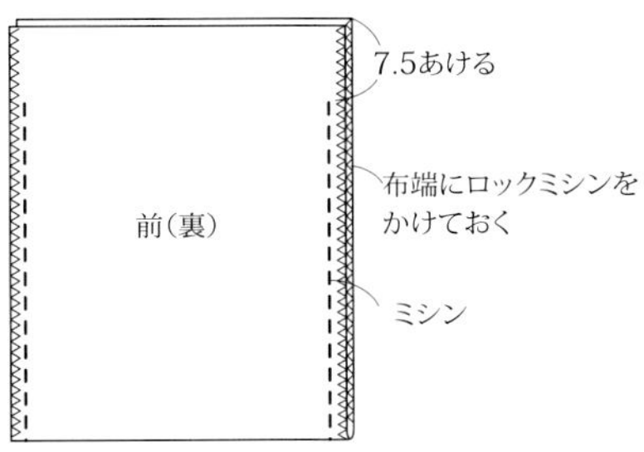


まちつきの場合

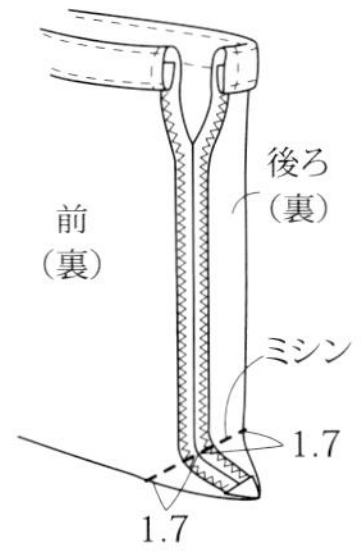


1、2の後まちを縫う

### 2 袋口を縫う

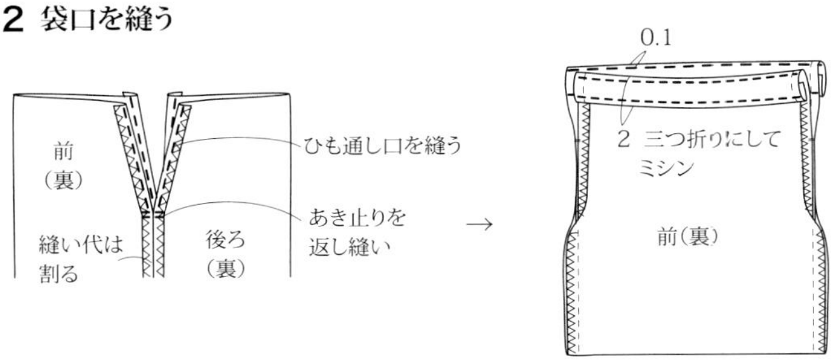


### 3 表に返し、ひもを2本通す

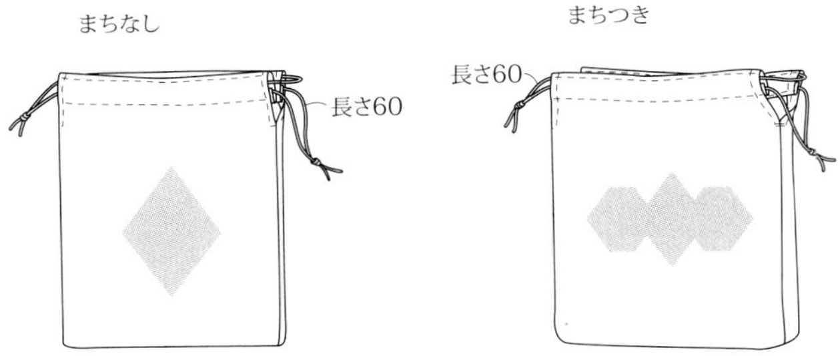


## もどこの針山 p.12

材料（1個分）：
麻布（1cm四方約10×8目）　25×15cm
こぎん用糸（こぎん糸・赤）　適宜
詰め物（麻のくず糸または手芸わた）　適宜

でき上り寸法：
横5×縦5×厚さ約3cm

### 製図・こぎん刺しの位置

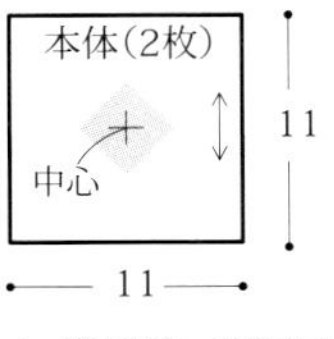


＊寸法は縫い代を含む
＊　はこぎん刺しの範囲

### 1 2枚を中表に縫い合わせる

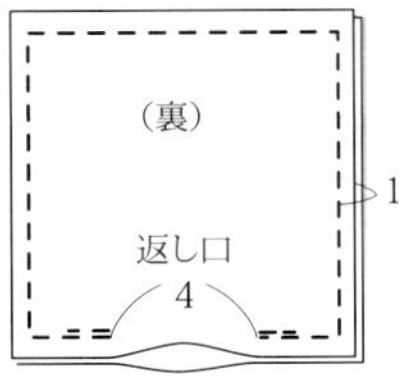


### 2 表に返して詰め物を詰め、返し口をとじ、四隅を縫いとめる

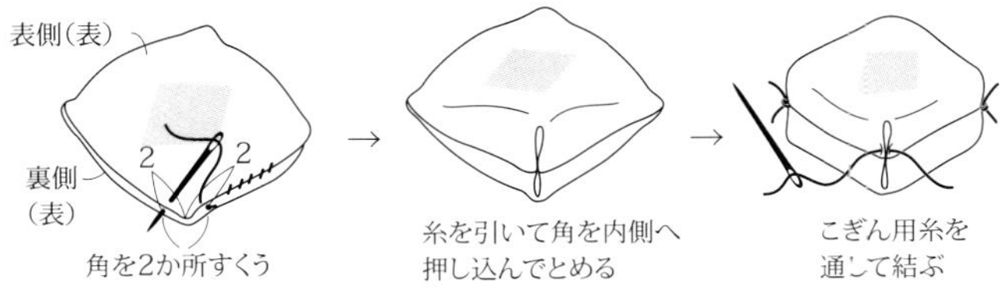

## あけびかごの目隠しきんちゃく p.11

材料：
麻布（1cm四方約10×8目）　80×40cm
こぎん用糸（こぎん糸・黒）　適宜
革ひも　直径0.2cmを2m
円周76cmのかごを使っています。手持ちのかごの
円周に合わせて、本体の幅、高さは調節してください。

きんちゃく部分のでき上り寸法：
幅34×高さ18cm

製図・こぎん刺しの位置

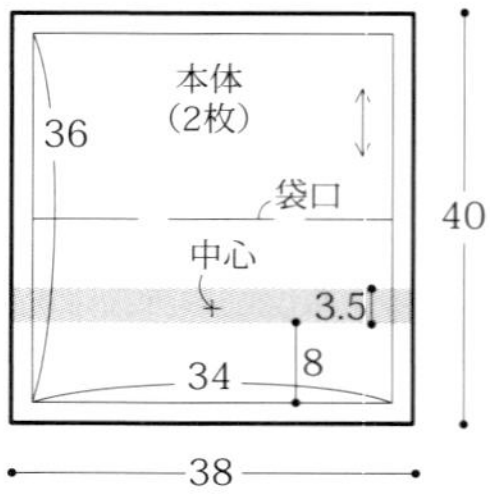


＊縫い代は2cm
＊　　はこぎん刺しの範囲
＊範囲は目安です。使う布の織り糸により図案の大きさが変わるので、この範囲を目安に自由に刺します
＊縫い代に少しかかるぐらいまで刺します

**1** まわりにロックミシンをそれぞれかけ、本体2枚を中表に重ね、両脇を縫う

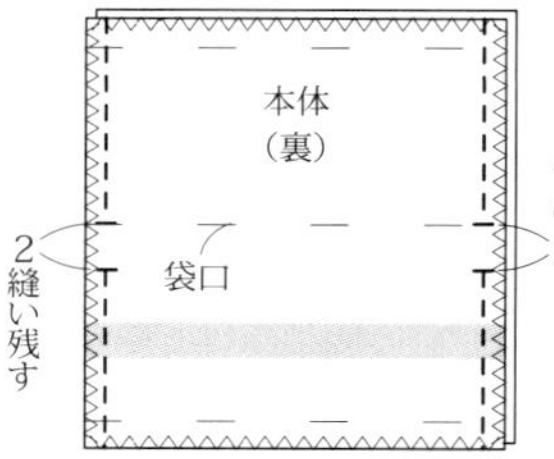


**2** ひも通し口を縫う

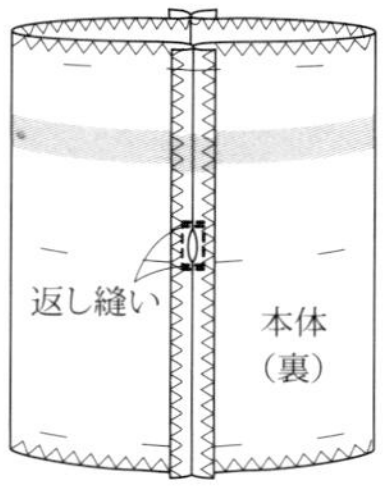


**3** こぎん刺し部分が表に出るように折り返し、袋口にステッチ

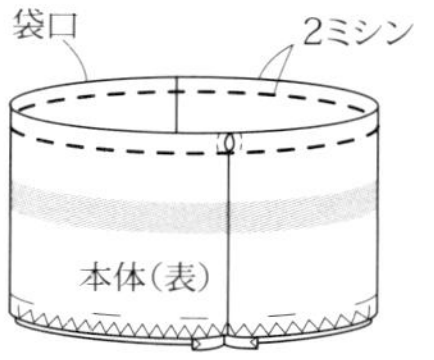


**4** 裾部分をでき上りに折る

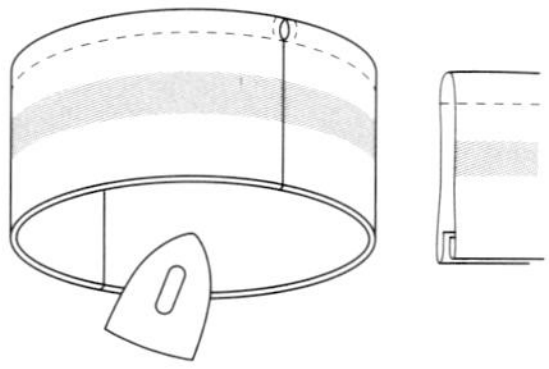

**5** かごの内側に縫いつけ、革ひもを2本通す

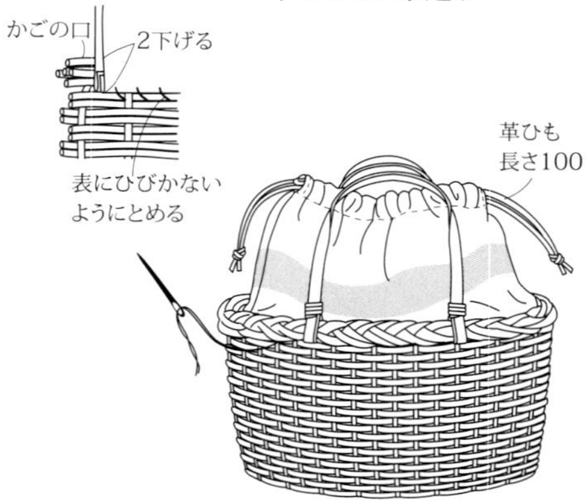


## バッグの肩ひも p.33

材料：
麻リボン　6cm幅120cm
こぎん用糸（こぎん糸・黒）　適宜
抜きキャンバス（1cm四方5×5目）　約70×5cm

でき上り寸法（肩ひも全体）：
幅6×長さ120cm

製図・こぎん刺しの位置

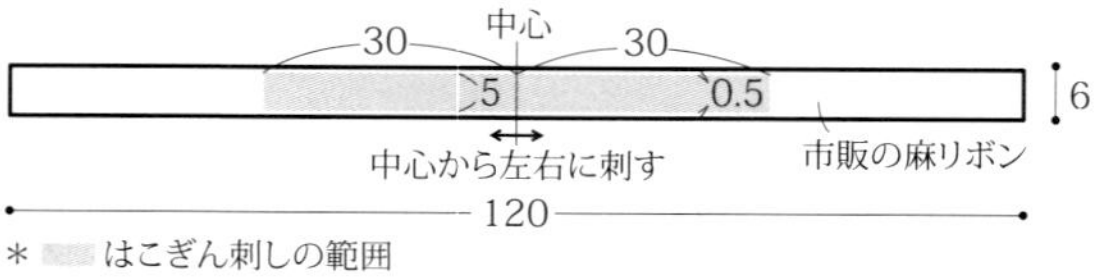


＊　　はこぎん刺しの範囲

**1** 肩ひもの中心から左右にこぎんを刺す

**2** 肩ひもの長さは好みで決めてランニング・ステッチで両脇にとめる

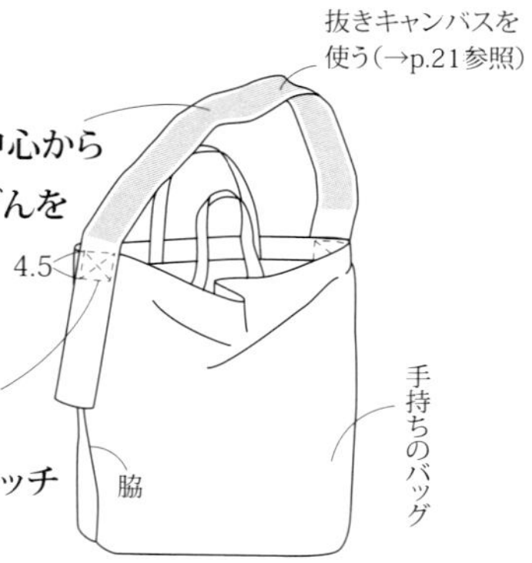

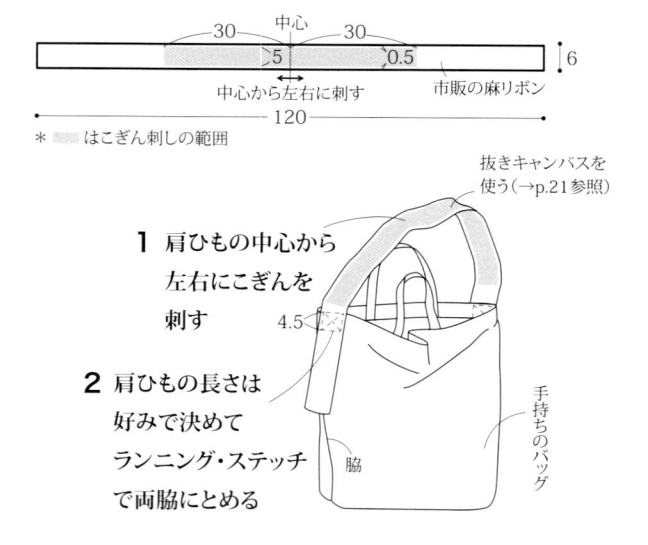

## トートバッグの外ポケット p.13
## エプロンの胸ポケット p.32

材料：
麻布（1cm四方約10×8目） 各25×20cm
こぎん用糸（こぎん糸・白、紺、赤、水色） 各適宜

でき上り寸法：
トートバッグの外ポケットは幅23.6×縦13.9cm
エプロンの胸ポケットは幅9×縦11.5cm

ポケット共通
製図・こぎん刺しの位置

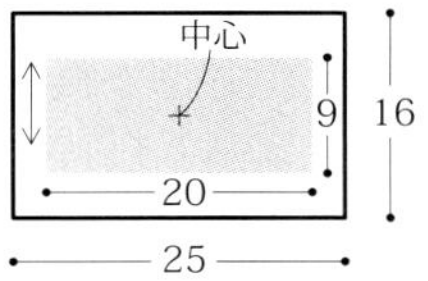


＊寸法は縫い代を含む
＊ はこぎん刺しの範囲
＊範囲は目安です。使う布の織り糸により
図案の大きさが変わるので、この範囲を
目安に自由に刺します

・トートバッグの外ポケット

**1** 両脇と底の布端は二つ折りにしてミシンをかけ、始末する

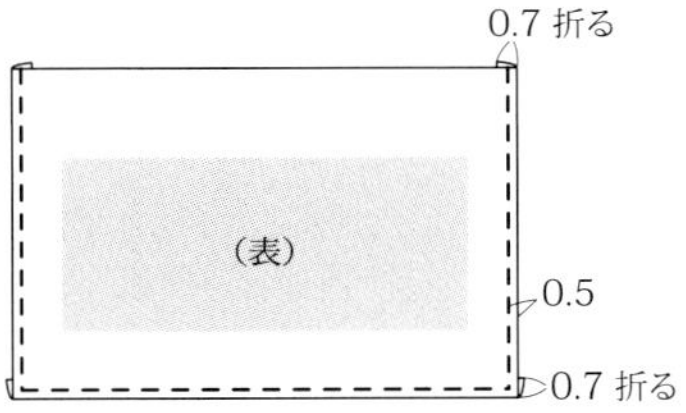


**2** ポケット口を縫う

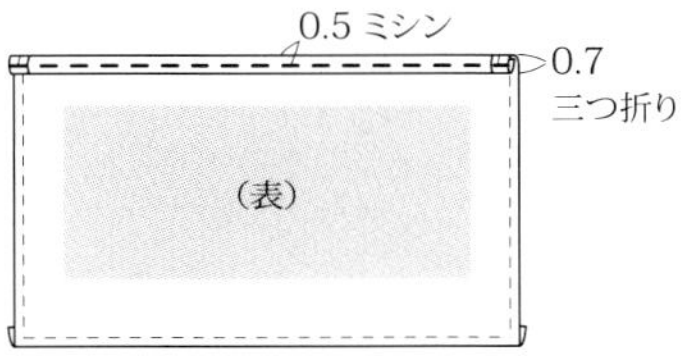


**3** バッグの前面につける
バッグ全体のバランスを見て位置を決める

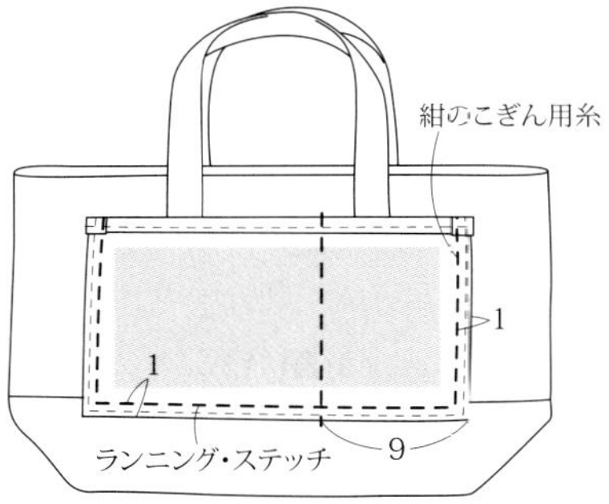


・エプロンの胸ポケット

**1** 布端を0.5折り、ミシンをかけて始末する

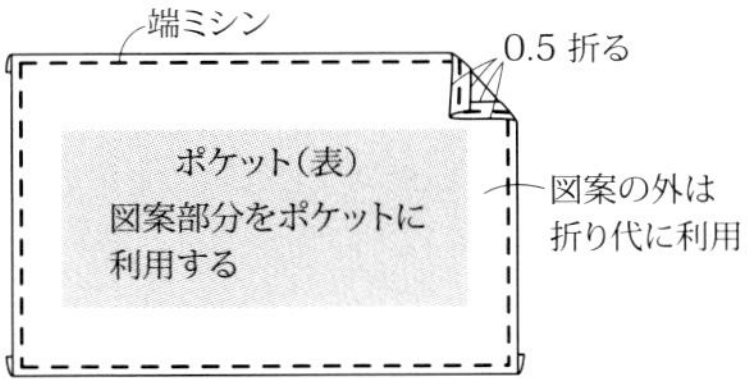


**2** 布を90度回転させ、下側を三つ折り

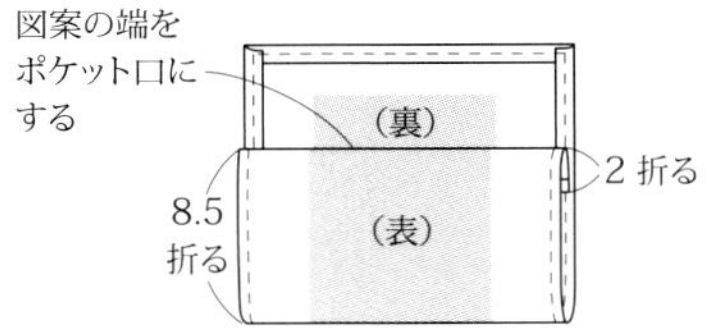


**3** 両脇も折り込み、ポケット部分を作る

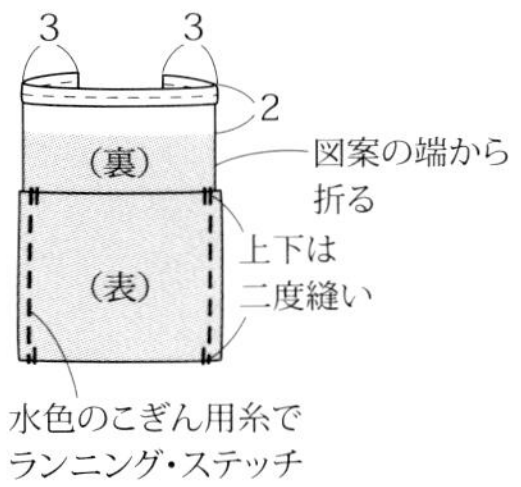


**4** 上部を折り、エプロンにつける

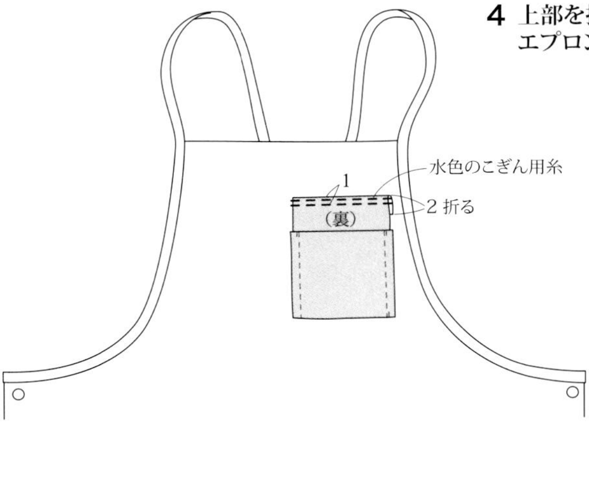

# 背当てのストール p.24
# 首当てのストール p.25

材料：
背当てのストールはリネンガーゼ105cm幅200cm
首当てのストールは一重ガーゼ112cm幅200cm
こぎん用糸（生成りと白の混色で竹と麻の混紡糸、
ピンクのシルク糸） 各適宜
抜きキャンバス（1cm四方5×5目） 背当てのストールは
約37×30cm、首当てのストール約37×37cm、

でき上り寸法（フリンジを含む）：
背当てのストールは幅105×長さ約194cm
首当てのストールは幅112×長さ約200cm

製図・こぎん刺しの位置

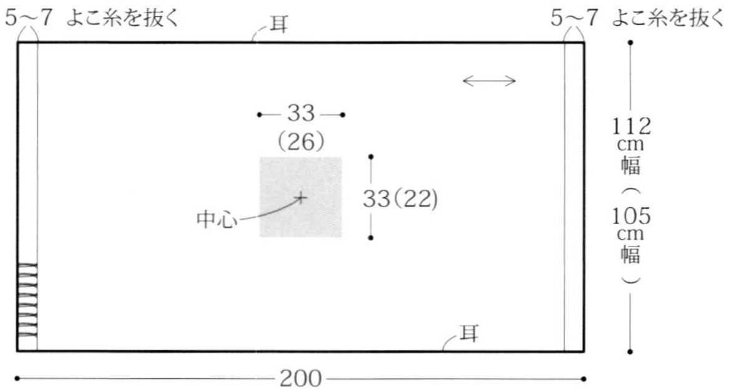


＊（ ）数字は背当てのストール寸法。他は共通
＊ ▒ はこぎん刺しの範囲

**1** 両脇のよこ糸を抜き、フリンジを作る

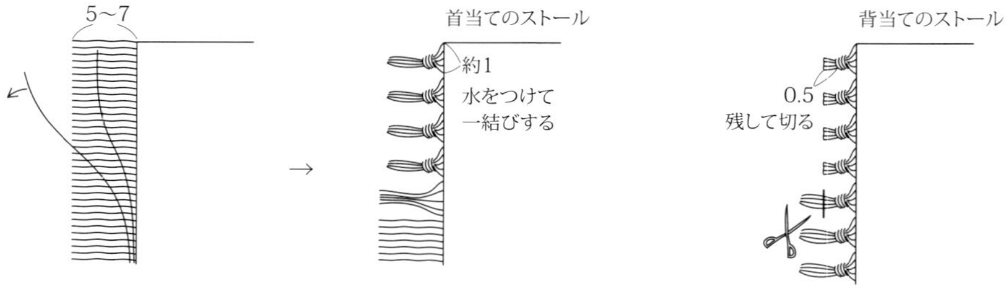


**2** 抜きキャンバスをとめる（→p.21参照）

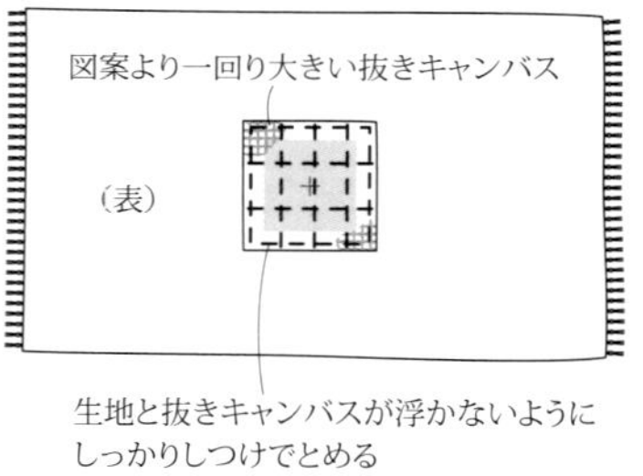


**3** こぎんを刺していく

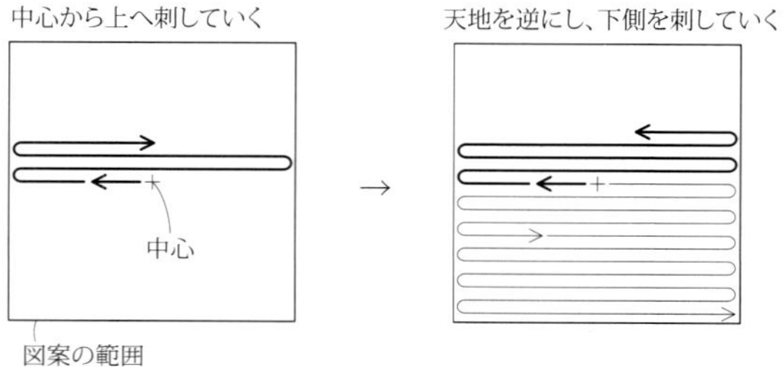


**4** 抜きキャンバスの糸を抜くと
図案が残る

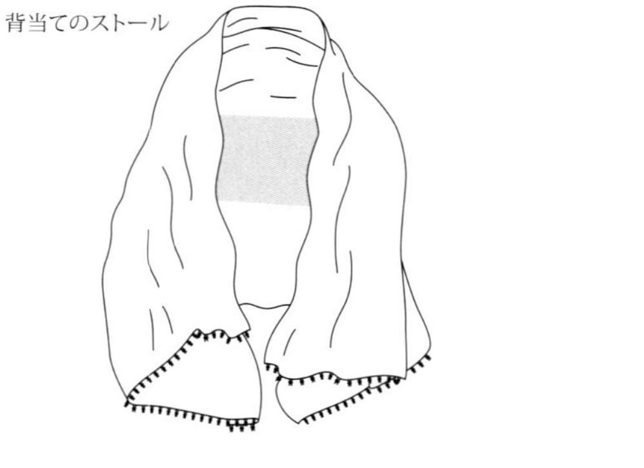


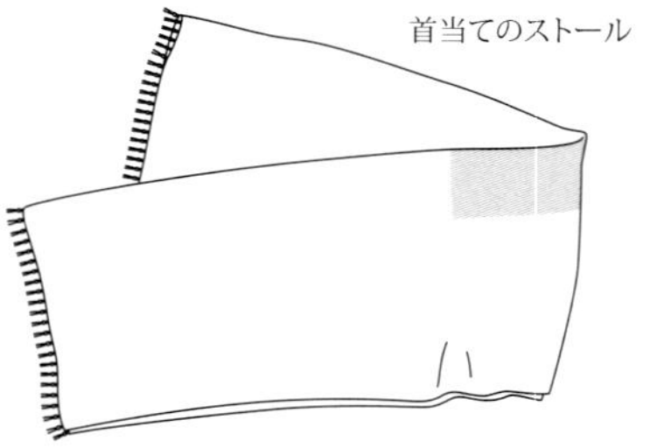

## 裾当てのラップスカート p.26

材料：
麻布　117cm幅157cm
こぎん用糸（こぎん糸・水色）　適宜
綾織りテープ　1.4cm幅380cm
抜きキャンバス（1cm四方5×5目）　約150×10cm
＊長さが足りない場合はついで使う

でき上り寸法（フリンジを含む）：
約幅145×丈90cm
＊ウエストのテープの位置を決めるとき
安全ピンでテープを本体に仮どめして調整しながらつける。試しにテープを結んで、鏡の前でしゃがんだり動いたりしてから、最終的にいちばんおさまりのいい位置に縫いつけるといい。

### 製図・こぎん刺しの位置

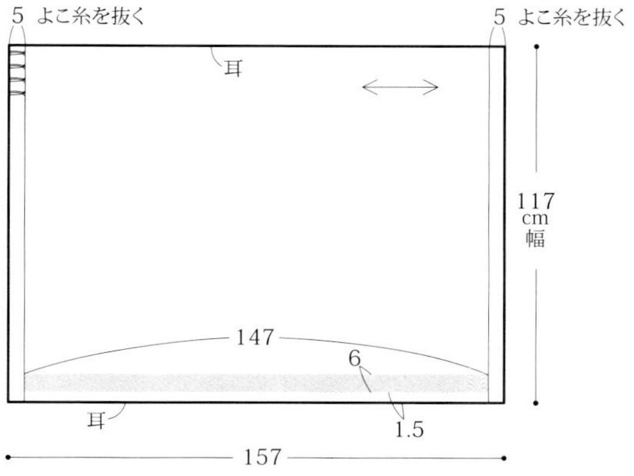


＊寸法は縫い代を含む　＊　はこぎん刺しの範囲

### 1 両脇にフリンジを作り、裾にこぎんを刺す

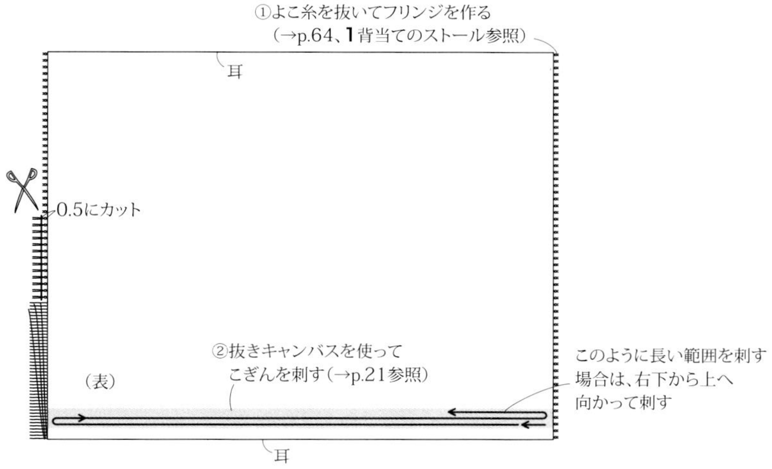


### スカートのはき方

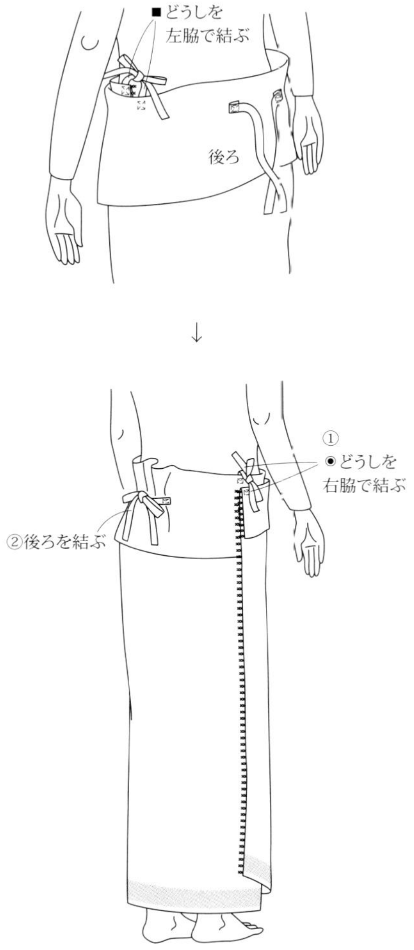


### 2 丈を決め、綾織りテープをつける

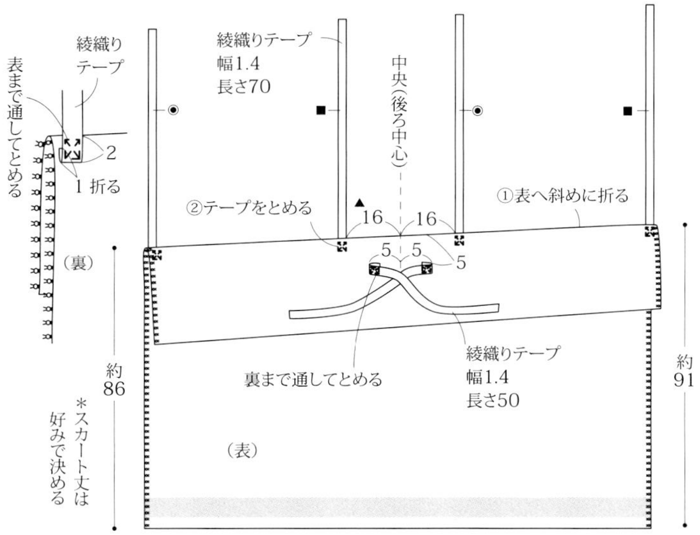


ウエストを縮める場合は
▲を減らし、ゆるめる場合増やす

## パンツのおしり当て p.28

材料：
ダブルガーゼ　110cm幅140cm
こぎん用糸（こぎん糸・白、青）　各適宜
抜きキャンバス（1cm四方5×5目）　約28×20cm

でき上り寸法：＊フリーサイズ
パンツ丈110cm

※作品はこぎん用糸を使い、手縫いで仕立てていますが、布によっては地縫いをミシン仕立てにしても。パンツ丈は布幅いっぱいにしていますが、お好みで自由に決めてください。その場合は裾を三つ折りなどで始末します。

### 裁合せ図

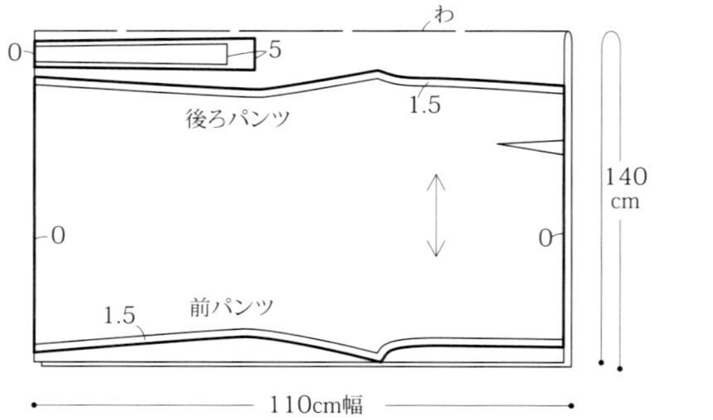


＊指定以外の縫い代は1cm

### 製図・こぎん刺しの位置

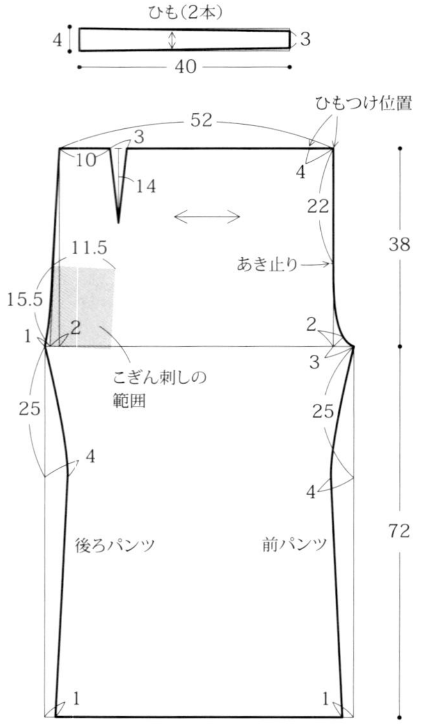


### 1 後ろ中心を縫い、こぎんを刺す

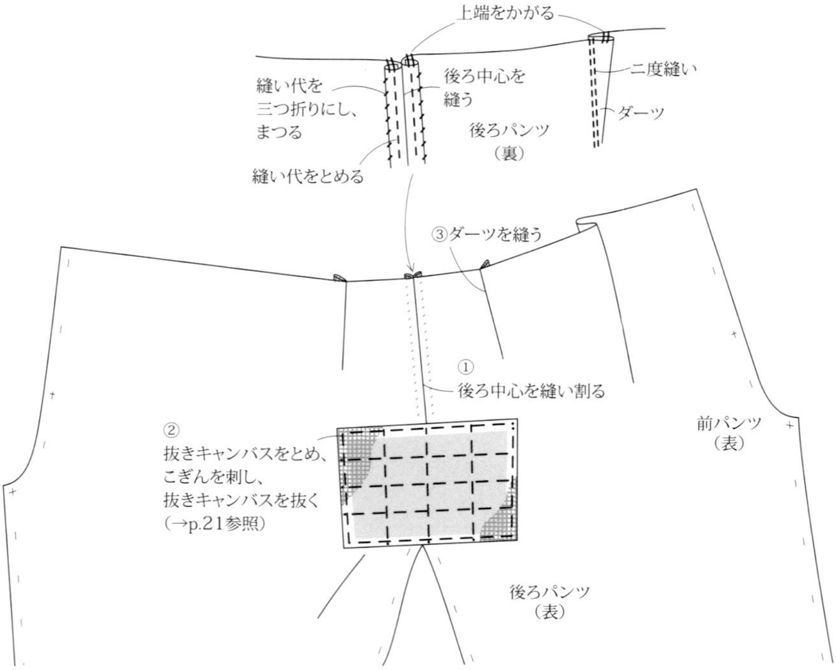

## 2 前中心の始末をする

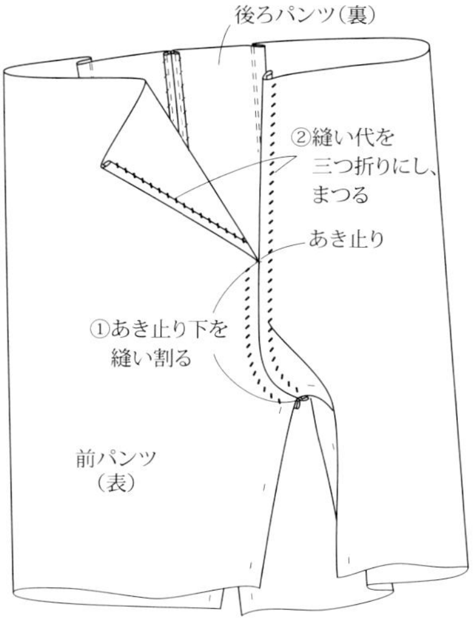


## 3 股下の始末をする

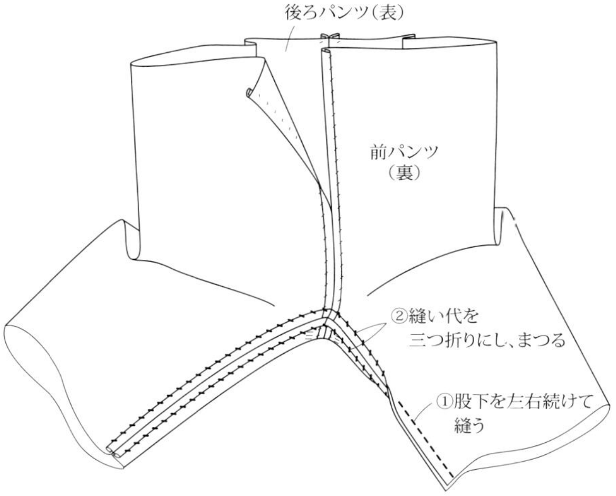


## 4 ひもを作り、つける

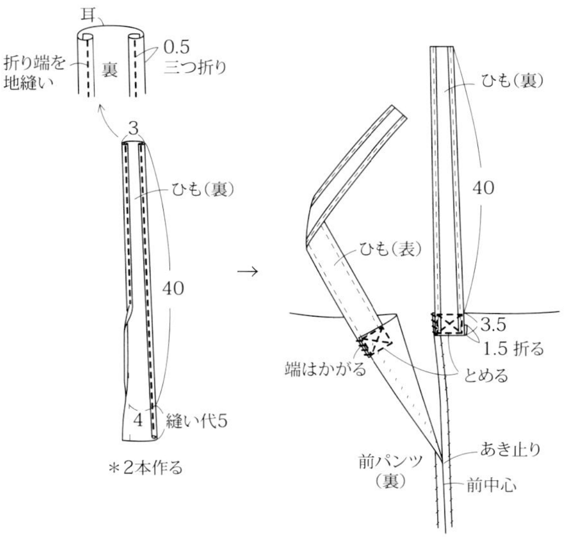


## 5 前にスナップをつける

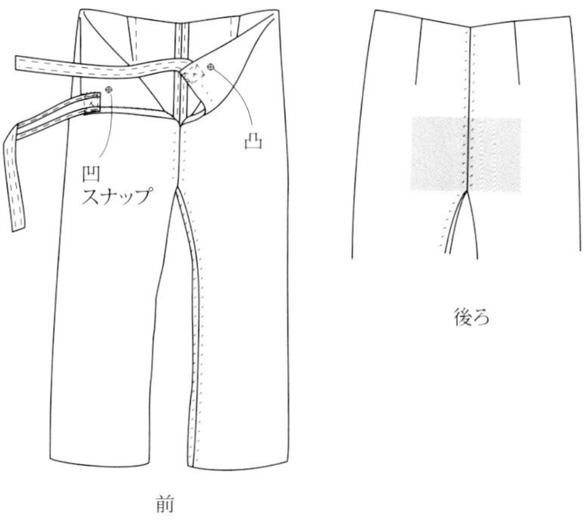

## カードケース p.30

材料（1個分）：
7号帆布　29 × 14cm
こぎん用糸（こぎん糸・赤、黒）　各適宜
抜きキャンバス（1cm四方5 × 5目）　約13 × 8cm

でき上り寸法：
幅12 × 高さ7.5cm

製図・こぎん刺しの位置

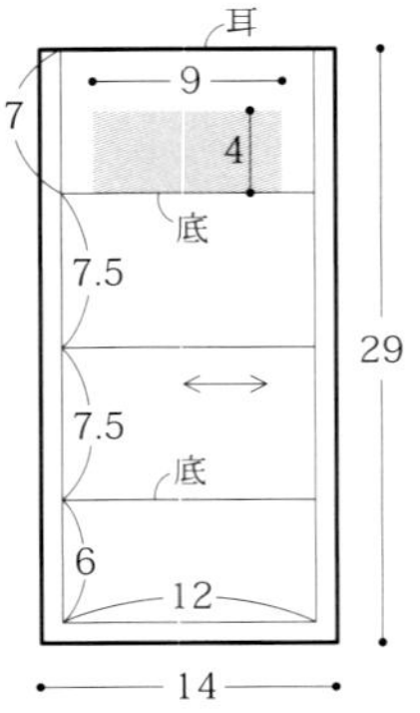


＊縫い代は1cm
＊ ▒ はこぎん刺しの範囲

### 1 布端を始末して、こぎんを刺す

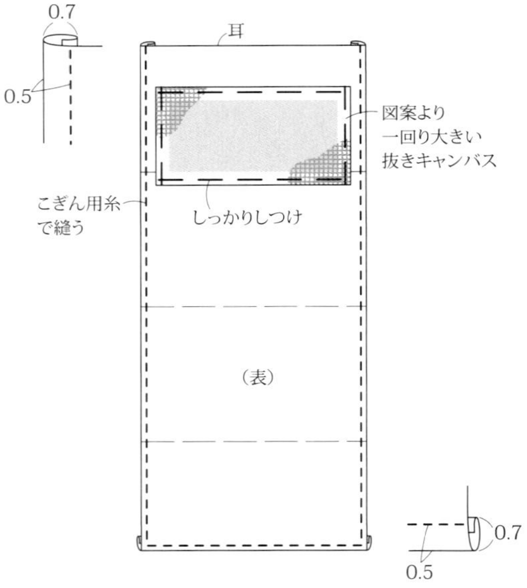


千鳥かがりのしかた

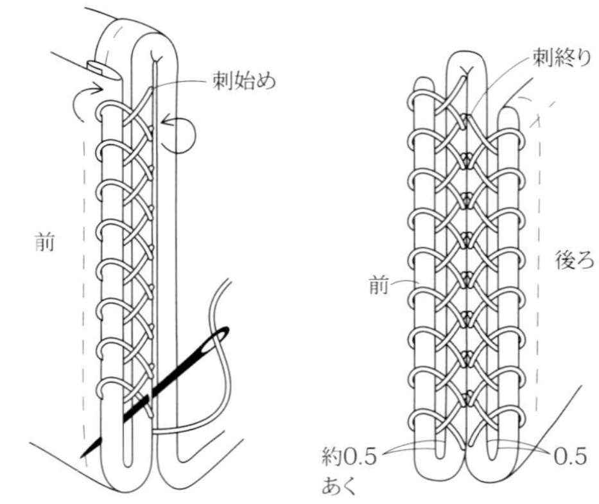


### 2 四つ折りにし、中央の2枚をまつる

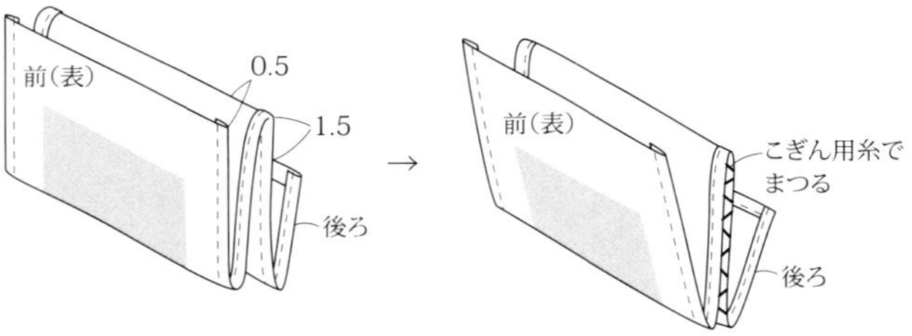


### 3 前と中央、後ろと中央をそれぞれ千鳥かがりでとめる

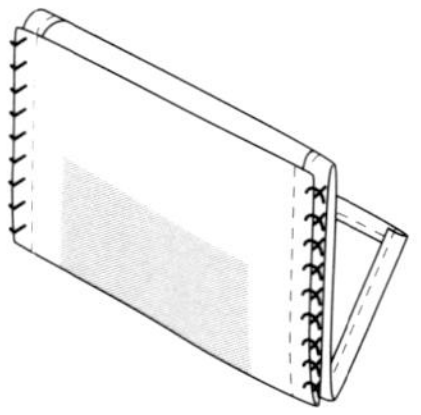

### 4 厚紙を入れて、底をまつる

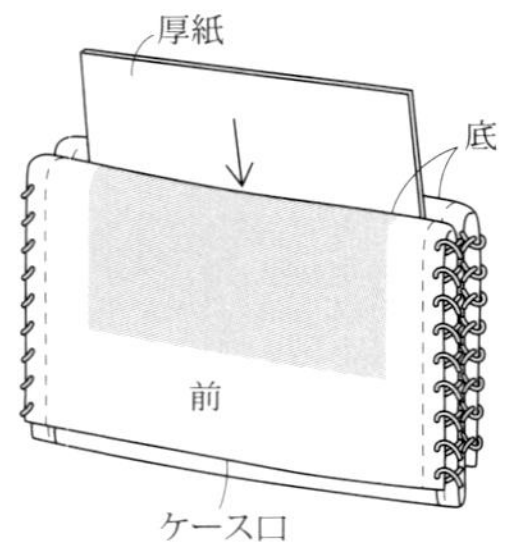

こぎんを刺すときの参考にしてください。
## 材料が購入できるお店

### ❖こぎん用の糸や麻テープ

**しまや**
〒036-8035 青森県弘前市大字百石町13-1
Tel.0172-32-6046
www.shimaya.info/index.htm
（ネット通販をしています）
本書で使用したこぎん糸は染色したオリジナルの糸ですが、こちらのお店では番手とよりが同じで染色していない未ざらしのものが手に入ります。こぎん針や皿手皮も扱っています。

**備後屋**
〒162-0056 東京都新宿区若松町10-6
Tel.03-3202-8778
www.quasar.nu/bingoya/
老舗民芸店。糸を染色に出し、お店でよった丁寧な作りのオリジナル糸です。12本どりの刺し子糸が35色そろっています。12本どりで使うと太いので、糸を数本抜いて使用してください。

**fog**
〒155-0033 東京都世田谷区代田5-35-1-1F
Tel.03-5432-5610
www.foglinenwork.com/
リネンを中心に衣服や生地、糸など、ニュアンスのあるリネン用品が手に入ります。p.20のラベンダー色の糸（ミニボビン）、黄色と緑のミックス糸はこちらのお店のものです。また、p.20の麻のテープもS、M、Lがそろっています。

**サンクプリュス**
〒180-0004 東京都武蔵野市吉祥寺本町2-28-3
グリーニイ吉祥寺1F
Tel.0422-26-8735
www.cinq-design.com/
北欧を中心に集められたセンスのいい雑貨がそろうお店。p.20、29のグレーの麻糸、p.20の赤の麻糸はこちらのお店のものです。
＊麻糸は季節によっては店頭にない場合があります。

### ❖麻布と抜きキャンバス

**越前屋**
〒104-0031 東京都中央区京橋1-1-6
Tel.03-3281-4911
www.echizen-ya.co.jp/
刺繍糸やこぎん糸、刺繍用の布が豊富にそろいます。刺繍用の麻布もさまざまな種類があり、本書で前半に登場する作品の麻布に近い布も手に入ります。抜きキャンバスの種類も多く、本書で使用しているものが購入できます。
おすすめの麻布（ゲージは1cm四方）
「越前屋オリジナル1411番（7.5×6.5目）」
「デンマーク麻（8×8目）」
「ツワイガルト ダブリン（10×10目）」
「ツワイガルト コーク（8×8目）」

### ❖藍染めの材料

**藍熊染料**
〒111-0034 東京都台東区雷門1-5-1 藍熊ビル
Tel.03-3841-5760
www.aikuma.co.jp/
初心者でも手軽に始められる「インド藍染めセット」や「大和藍セット」を通販しています。

作品デザイン・文・スタイリング
布芸展（東松陽子、福田里香）

作品制作
布芸展（p.1、13、24～28、30、32～35）
弘前こぎん研究所（p.1、6、8～12、14、23、29、31）

手順
弘前こぎん研究所　三浦佐知子（p.15～19）
布芸展（p.20～21）

ブックデザイン
ィエン

撮影
森本美絵（カバー、p.1～14、22～35）
油野和志（p.15～21）
中村善郎（p.36）

ヘア＆メークアップ
樅山 敦

モデル
入夏

デジタルトレース
しかのるーむ

取材・制作協力
弘前こぎん研究所

衣装協力
n100
ebebe
eb・a・gos
弘前こぎん研究所
homspun
モリカゲシャツキョウト

家具協力
AWABEES

感謝
ギャラリー fève
NPO法人harappa
長谷川知乃
青森県史編さんグループ
板倉容子
早瀬 結
奈良岡真弓
田中みゆき

# こぎん刺しの本
## 津軽の民芸刺繍

2009年 9 月27日　第1刷発行
2016年 2 月10日　第5刷発行

著　者　布芸展
発行者　大沼 淳
発行所　学校法人文化学園 文化出版局
〒151-8524 東京都渋谷区代々木3-22-1
Tel.03-3299-2485（編集）　03-3299-2540（営業）
印刷・製本所　株式会社文化カラー印刷

© Fugeiten 2009　Printed in Japan
本書の写真、カット及び内容の無断転載を禁じます。

・本書のコピー、スキャン、デジタル化等の無断複製は著作権法上での例外を除き、禁じられています。
本書を代行業者等の第三者に依頼してスキャンやデジタル化することは、
たとえ個人や家庭内での利用でも著作権法違反になります。
・本書で紹介した作品の全部または一部を商品化、複製頒布、
及びコンクールなどの応募作品として出品することは禁じられています。
・撮影状況や印刷により、作品の色は実物と多少異なる場合があります。ご了承ください。

文化出版局のホームページ http://books.bunka.ac.jp/